Вальтер Фризен
Горизонты империи

Ausbildungs- und Forschungszentrum ETHNOS e.V.

Вальтер Фризен

ГОРИЗОНТЫ ИМПЕРИИ

Эпизоды становления российской государственности

Халифат

Другие немцы

Геноцид

Dortmund-Bodelschwingh
2016

Bibliografische Information der Deutschen Nationalbibliothek:
Die Deutsche Nationalbibliothek verzeichnet diese Publikation in der Deutschen Nationalbibliografie; detaillierte bibliografische Daten sind im Internet über http://dnb.ddb.de abrufbar.

ISBN 978-3-96103-115-3

www.rediroma-verlag.de
16,95 Euro (D)

ВМЕСТО ПРЕДИСЛОВИЯ

0.1. По условиям Ништадтского мирного договора со шведами (*10 сентября 1721 года*), подписанного со стороны России Андреем Ивановичем Остерманом (*Heinrich Johann Friedrich Ostermann; 1687–1747*) и Яковом Вилимовичем Брюсом (*James Daniel Bruce*; *1669–1735*), многие десятки тысяч ливонских немцев[1] стали подданными образовавшейся Российской империи[2]. Вместе с «бельскими»[3], «засечными»[4] и «городскими»[5] немцами они стали значимой частью её креативного класса[6].

0.2. В полиэтнической Восточной Европе немцы явились одной из основных государствообразующих групп населения Царства Русского. Их чисто физическое присутствие в некоторых государственных и оборонных сферах деятельности, как например в управлении сапёрным делом и артиллерией, доходило до 100% от общего числа занятых. Оставались ли они немцами или стали обрусевшими, «*уже русскими*», вопрос малоправомерный, поскольку начавшее формироваться лишь в XIX веке представление о языке, как выразителе «души нации», для развития самобытности которой необходима достаточно большая компактная территория, никак не соответствовало реалиям того времени.

0.2.1. Императоры Немецкой империи[7] или плохо говорили на немецком или, как например Карл V (*Karl V.; 1500–1558*), вообще его не знали. Знать говорила на французском, а языком науки вплоть до XVIII века являлась исключительно латынь. Языком церкви до реформатора Лютера (*Martin Luther; 1483–1546*) была тоже латынь, да и после него для немцев-католиков она оставалась основным языком богослужений. Германские диалекты конкурировали в письменных языках многочисленных местных канцелярий, где издаваемые «для народа» эдикты старались писать на языке, как можно более понятном конкретной группе населения. Гораздо важнее было другое, что привнесли с собой немцы.

0.2.2. Используя терминологию французского антрополога, историка и основателя социальной психологии Гюстава Лебона (*Le Bon Gustave; 1841–1931*), немцы сформировали «душу нации» (*constitution mentale*)[I], новое «мировосприятие и образ действий» (*façons de sentir et d'agir*)[II], которые остаются почти неизменными на протяжении очень долгого времени и меняются крайне медленно, даже если конкретная группа перешла на другой язык или лишилась компактной территории проживания. И как раз отсутствие условий, позволяющих использовать «номенклатурный» язык нации, и отсутствие компактной территории проживания могут, порой, привести к мобилизации душевных ресурсов отдельных представителей нации, к стремлению в инокультурной среде подчеркнуть свою самобытность, несмотря на утрату языка и территории. И это чувство может передаваться из поколения в поколение. Немцы привнесли в Восточную Европу уже почти забытое в результатате двухсотлетнего культурного доминирования татаро-монголов чувство осознанной индивидуальной ответственности, которое стало укрепляться в сознании нарождавшегося служивого (креативного) класса Царства Русского (Российской Империи). Крестьянство же продолжало жить в соответствии с коллективистскими устоями общинного миропонимания...

0.3. Первыми президентами и сотрудниками Санкт-Петербургской академии наук, учреждённой указом Петра Великого (*1672–1725*) 8 февраля 1724 года, стали тоже немцы. Их вклад в развитие российской науки общеизвестен. Академия существенно повлияла и на развитие общерусского национального языка, сформировавшегося на базе языка науки, который быстро вытеснил из делового обращения церковнославянский[8] и рутенский[9], а из науки – латынь.

0.3.1. Развитию российской общественной мысли, вобравшей в себя передовые для того времени образы и понятия, не смогла существенно помешать даже основанная в 1783 году Екатериной II (*1729–1796*) альтернативная «Российская академия», главная цель которой была недвусмысленно сформулирована в предисловии к основному её «продукту» – «*Словарю Академии Российской*»: создание «*славяноросссийского языка*». Учредителями «Российской академии» – Екатериной II и её подельницей по кровавому антигосударственному перевороту[10] Екатериной Романовной Дашковой (*1743–1810*) – планировалось исключить из основного фонда «*славяноросссийского языка*» «*слова и речения Наук и Художеств, которые не входят в общее употребление, но единственно ученым и художникам известны... отсюда введены в него многие речи и расположения оных свойству его противные*»[III]. «*Ученым и художникам известны*» – было явным вызовом научному сообществу Императорской Академии наук и художеств[11].

Многонациональной Российской империи «Российская академия» навязывала совсем иную модель языковой политики[12]: «*ибо не правила язык рождают, но из употребления оного извлекаются правила*»[IV], т.е. была сделана попытка внедрить общегосударственный язык без «*противных*» «слов и речений Наук и Художеств» и, вообще, ненормированный! Такая языковая политика могла способствовать только деградации общеобразовательного уровня населения Империи и ограничению (уничтожению) реальной социальной базы, необходимой для роста её креативного класса. Общегосударственный российский язык, служивший средством межнационального общения народов Империи, развитию и обогащению которого способствовала (Санкт-Петербургская) Императорская Академия наук и художеств, подменялся неким «Славянороссийским языком», из которого целенаправленно выхолащивались «*противные слова и речения Наук и Художеств*». Узкое окружение Екатерины II узурпировало и попыталось стилизовать российский язык, как главный признак принадлежности к некоей мифической «исконной (коренной)» «славяно-российской» народности.

0.3.2. При этом не смущал даже тот факт, что среди фамилий имперской аристократии не было ни одной (!), которая бы вела свою родословную от тех же вятичей[13], кривичей[14] или даже полян[15], считающихся «славянами» (что, однако, отнюдь не доказано). Та же Дашкова, определённая в «президентши» «Российской академии», вела свою родословную от татарского мурзы[16] Дашека (*на тюркском – «заносчивый»*), который в крещении принял имя Даниил и умер в Москве в 1408 году. В обществе под влинияем деструктивной идеологии «другой» – «Российской академии» – формировалось противопоставление «славяноросссов» «неславяноросссам». К последним стали причисляться и подданные Империи, обладающие звучными немецкими именами и фамилиями.

0.4. Печальные итоги антигосударственной политики «*просвещённой*» Екатерины II, истоки которой кроются в её патологическом неприятии «*немецкости*»[17], общеизвестны. При учреждении Московского университета в 1755 году в нём числилось 100 студентов, а спустя 30 лет, при Екатерине II, – лишь 82. За всё царствование Екатерины ни один медик не получил учёного диплома, то есть, не сдал экзамены (вероятно не в последнюю очередь и из-за того, что из обихода были вычеркнуты «*противные слова и речения Наук и Художеств*»). Широкая социальная база, необходимая для роста креативного класса, была сужена, дворяне шли учиться весьма неохотно. Морские академии не могли набрать даже 250 учеников, положенных по штату. В 1766 году по приказу Екатерины II в Санкт-Петербурге был закрыт Академический университет «*по причине преобладания подлого сословия*». Как отмечал академик Императорской Санкт-Петербургской Академии наук тайный советник[18] Василий Осипович Ключевский (*1841–1911*), «*нравственные средства государства в царствование Екатерины значительно пали... в царствование Екатерины усилилась рознь как в племенном, так и социальном составе государства*».[V]

Пояснения

1. В 1217 году римский папа Гонорий III (*Honorius PP. III; 1148–1227*) объявил поход против язычников, захвативших земли польского князя Конрада I Мазовецкого (*Konrad I Mazowiecki; 1187–1247)*. Князь попросил помощи у рыцарей Немецкого ордена, обещав им во владение город Кульм (*Culm, сейчас – Chełmno*), а также сохранение за ними захваченных территорий. Император Священной Римской империи Фридрих II (*Friedrich II von Hohenstaufen; 1194–1250*) санкционировал в 1226 году это начинание золотой буллой. Рыцари Немецкого ордена прибыли в Польшу в 1232 году, обосновавшись на правом берегу Вислы. Здесь была построена первая крепость, давшая рождение городу Торн (*Thorn, сейчас – Toruń*).

Немецкий Орден делился на три части: западноевропейские территории, разбросанные преимущественно в пределах Священной Римской Империи, и две компактные территории, именовавшиеся на латинском – международном языке того времени – Боруссией (*Borussia*), что по-немецки – Пруссия (*Preußen*), которая объединяла земли от Гданьска до Мемеля (*Memel, сейчас – Klaipėda*), и Ливонией (*Livonia, Livland*), достаточно точно соответствовавшей территориям современных Латвии и Эстонии. Ливонская часть Немецкого Ордена называлась Ливонским Орденом. XIV век был временем наивысшего расцвета Немецкого Ордена. В своей восточно-европейской политике орден делал ставку на демократические республики Пскова и Новгорода, добрососедские отношения с которыми гарантировали стабильную прибыль, и на тесно с ними взаимодействовавшее торговое объединение северо-немецких городов – Немецкую Ганзу (*Deutsche Hanse*).

Со 2-ой половины XVI века до 1920 года ливонские рыцарства представляли интересы немцев, проживавших на территории современных Латвии и Эстонии. Позже они объединились в Союз балтийских рыцарств (*Verband der Baltischen Ritterschaften*).

2. Один из наиболее заметных в летописной истории восточноевропейских германских народов – готы, культурный ареал которых (*Черняховская культура, I тысячелетие н.э.*) прослеживается от Крыма до верховий Оки и Дона, от Карпат до Волги, дал и обобщающее название для полиэтнического населения Восточной Европы – Росы. Почему это так, наглядно видно хотя бы из написания слова «готы» в Библии Вульфилы: [*r/gutans*]. Начальный согласный звук мог произноситься, в зависимости от диалектных различий в восточно-европейских германских лингвемах, как [*g*] или [*r*]. Вероятно, первоначально он произносился как «картавое» [*r*], которое в готском алфавите, созданном в значительной степени на основе латинского, именно так и отображалось – как [*r*]. В более позднем алфавите, «кириллице», буква *r* была соотнесена со звуком [*g*]. Согласные [*t*] и [*n*] в середине слова в большинстве восточноевропейских языков ассимилировались (упростились): *r/gutans* → *ru(o)s*. Но не во всех. Полностью они сохранились в самоназвании русинов (*Ruthenen*). Таким образом, готы и росы – однокоренные слова. Рос – древнее слово для обозначения разных по происхождению народов и племён. Оно неоднократно упоминается в ветхозаветных книгах пророков Иезекииля и Иеремия по отношению к северному народу Рош, во II тысячелетии до н. э. на колесницах покорившему Палестину и Египет. Современное немецкое слово *Ross* – «*конь*» – того же происхождения.

Долгое время слово «*готы/росы*» было обобщающим словом для значительной части германских племён и народов Восточной Европы. Сфера влияния готов/росов в начале I тысячелетия новой эры была колоссальна: с севера на юг она простиралась от Балтийского до Чёрного моря, а с востока на запад – от Урала до низовий Дуная. В VI веке н. э. византийский историк Иордан (*Jordanes; ? – после 551*) составил список народов, объединённых государством готов. Среди них были также марийцы (*Merens*) и мордва (*Mordens*) на Верхней Волге. Административным центром готов/росов был Danpstadir – ‚город на Днепре‘– на месте современного украинского

Берислава, где по преданию захоронен готский король Германарих (*Hermanaricus; ?–376*) – король германцев (*lat.: rex, ‚король/царь‘ = got. -rich*). Археологи связывают распространение готов/росов, иначе говоря, восточноевропейских германских народов, с так называемой Черняховской культурой. «Черняховцы» жили большими патриархальными семьями, границы их владений были защищены оборонительными валами для защиты от кочевников. Были развиты железообрабатывающее, кузнечное, бронзолитейное, камнесечное, косторезное ремёсла, ювелиры производили украшения из бронзы, серебра и золота. Их культурное влияние простиралось далеко на север, до водораздела Оки и Дона (территории современной Тульской области). В 1547 году Великий князь Московский Иван IV Васильевич (*1530–1584*) принял титул царя Руси. В 1721 году Пётр I был провозглашён Сенатом императором, Русь стала называться Российской империей.

3. В XVI веке на военную службу в Царство Русское было принято значительное число рыцарей Ливонского ордена. Это были как офицеры и рядовые, пленённые в ходе Ливонской войны (*1558–1583*), так и добровольцы. Они сражались с крымскими татарами в судьбоносной для Руси Битве при Молодях (*29 июля – 2 августа 1572 года*). Значительная часть рыцарей вела свою родословную из прирейнских земель Германии. После того, как в 1613 году гарнизон крепости Белой, состоявший из иностранных наёмников, в ходе русско-польской войны добровольно перешёл на сторону князя Дмитрия Пожарского (*1578–1642*), служивых немцев и западноевропейцев в народе стали называть «*бельскими немцами*». Одни существовали за счёт доходов, получаемых с дарованных им поместий, другим выплачивалось денежное жалование. Наиболее известные из них:

- Ландмайстер Ливонского ордена Иоганн Вильгельм фон Фюрстенберг (*Johann Wilhelm von Fürstenberg; 1500 – не ранее 1568*) родился в Нехайме (*Neheim*), ныне – район города Арнсберг (*Arnsberg*) в земле Северный Рейн-Вестфалия. Фюрстенберг был пленён и определён на поселение в Любим (*ныне – центр Любимского района Ярославской области*). Фюрстенберг неоднократно присутствовал во время царских аудиенций.

- Георг фон Менгден (*George von Mengden; 1628–1702*) – первый полковник Преображенского полка и губернатор Киева, внук Эрнеста фон Менгдена, стольника царя Иван IV Васильевича. Их предок Иоанн фон Менгден, прозванный Остгоф (*Osthof*), был магистром Ливонского ордена (1450–1469). Развалины родового замка находятся в Менгеде (*Mengede*) – районе Дортмунда (*Dortmund*).

- Дмитрий Андреевич Францбеков (*Fahrensbach; ум. 1657*) поступил на русскую службу в 1613 году, в 1627 году крестился в православие и был пожалован русским дворянским титулом. С 1642 по 1643 служил воеводой в Вятке. В 1648 году стал воеводой в Якутске. Способствовал освоению новых земель и торговле в восточной Сибири.

- Георг Лермант входил в состав гарнизона крепости Белой. Был наделён поместьем в Галиче (*ныне – город в Костромской области России*). Его потомок – русский поэт Михаил Юрьевич Лермонтов (*1814–1841*). По легенде Лермонтовы ведут свою родословную из Шотландии, но Лерман (*Lehrmann*) – довольно распространённая фамилия также и в Германии.

4. Пришедшие на службу Царству Русскому рыцари Ливонского ордена и немецкие мастеровые, как правило, размещались в укреплённых поселениях засек на южных и восточных рубежах государства. Им хорошо платили из царской казны и за достойную службу выделялись земельные наделы-поместья. Духовная инквизиция, как в Западной Европе, отсутствовала. Патриаршество было учреждено в Москве лишь в 1589 году, и православных ревнителей веры на местах явно не хватало. Лютеране, последователи Андреаса Осиандера (*Andreas Osiander; 1498–1552*), учившего, что греховность не присуща человеку, а является следствием его деятельности и может быть искуплена праведными делами, вероятно, видели свой путь в должном исполнении воинского долга и противостоянии иноверческой турецкой агрессии. Десятками тысяч «дарпских» (*от названия города Derpt/Dorpat, сейчас эстонский Tartu*) немцев были заселены порубежные поселения Царства Русского. По данным краеведа А. Н. Лепёхина, только в одном небольшом остроге Дедилово, что ныне в Тульской области, служило около сотни *«иноземных воинов»*[VI], которым, как правило, присваивались удобнозвучащие русские прозвания[VII]:

Garrach → Горохов

Kos von Dahlen → Козодавлев

Von Dahlen → Яхонтов

Hamilton → Хомутов

Löwenstein → Левашёв и Левшин (*Прототипом легендарного тульского мастерового Левши был скорее всего ружейный мастер Löwenstein*)

Предки знатных восточноевропейских фамилий Шереметьевых, Салтыковых, Морозовых вышли из земель Немецкого Ордена; Мятлевых, Неплюевых, Протоповых, Пупковых – из других земель Немецкой империи.

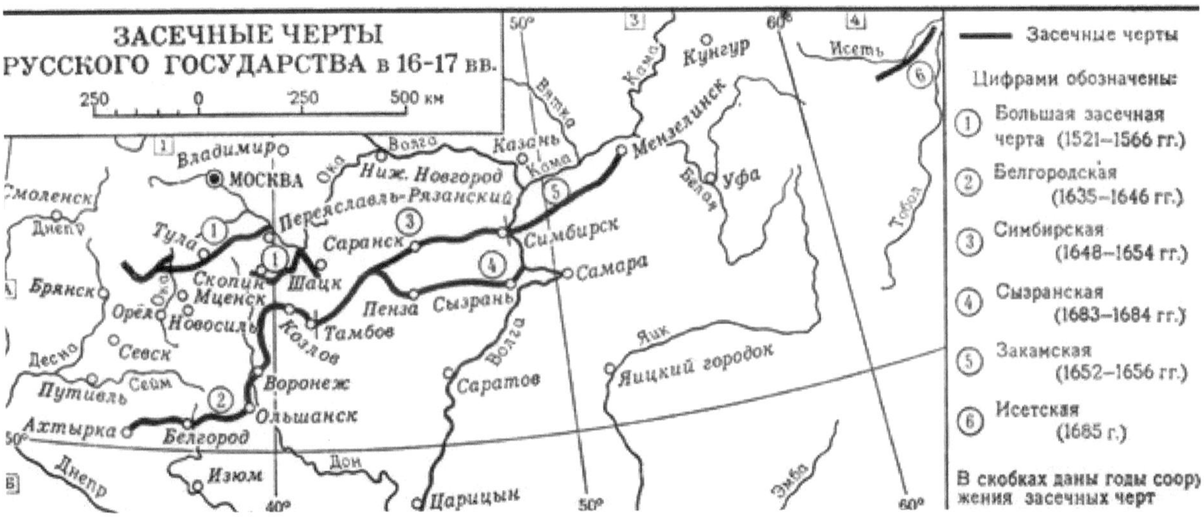

VIII

5. Часть ливонских немцев была поселена на берегу реки Яуза на окраине Москвы, где в 1560–1565 годах возникла лютеранская община, первым предстоятелем которой стал фриз по происхождению Бриктиус тон Норде (*Brictius thon Norde*)[IX], сын одноимённого теолога и реформатора. В 1575–1576 годах была возведена деревянная лютеранская церковь, но уже в 1580 году по приказу Ивана IV она была сожжена. Это была месть царя немцам за переход короля Ливонии Магнуса (*Magnus von Dänemark; 1540–1583*), вероятно, прельщённого материальными благами, на сторону противника России — Стефана Батория (*Stefan Batory; 1533–1586*), короля Речи Посполитой. В 1601 году, с личного разрешения царя Бориса Годунова (*1552–1605*) и на средства из царской казны, там же, в немецком предместье Москвы, была возведена лютеранская церковь.

6. Креативный класс, творческий класс (*англ. creative class*) – понятие, предложенное американским экономистом Ричардом Флорида (*Richard Florida, род. 1957*). Для людей данной группы характерной чертой также является ярко выраженное чувство индивидуальности и личной свободы.[X]

7. Священная Римская Империя (*лат. Sacrum Romanum Imperium*), с XV века: Священная Римская Империя Немецкого Народа (*лат. Sacrum Imperium Romanum Nationis Germanicae или Sacrum Imperium Romanum Nationis Teutonicae, нем. Heiliges Römisches Reich Deutscher Nation*) – государственное образование, существовавшее с 962 по 1806 годы и объединявшее многие территории Европы. По тексту употребляется название «Немецкая империя».

8. Церковнославянский язык восходит к южноболгарскому славянскому диалекту, родному для создателей письменного старославянского языка Кирилла (*827–869*) и Мефодия (*815–885*). Хотя за время своего существования он и сблизился с живыми языками стран, где использовался для официальной переписки и богослужений, церковнославянский язык никогда не был разговорным и на нём мог общаться только узкий круг посвящённых людей. Развитие в течение XVIII века общероссийского литературного языка на базе языка литературы и науки, привело к тому, что этот язык стал пригоден к выражению всё более широкого круга понятий, в то время, как сфера употребления церковнославянского языка значительно сузилась. Сейчас церковнославянский используется только в церкви.

9. Рутенский (*«прóста мова», «руский язык»*) – литературный язык Великого княжества Литовского. Он сложился на основе говоров вокруг Вильни (*совр. Вильнюс*). В XIV–XVII вв. рутенский был письменным языком этнического большинства княжества, языком судопроизводства и великокняжеской канцелярии. На нём написана значительная часть светской и религиозной литературы. Рутенский оказал влияние на формирование белорусского и украинского литературных языков; использовался в деловой переписке на западных территориях Царства Русского/Российской империи ещё на протяжении значительной части XVIII века.

10. Екатерина II захватила власть в результате убийства мужа и устранения ненужных свидетелей, приведших её во власть (*см: Вальтер Фризен: Империя Знаний; Dortmund-Bodelschwingh: AFZ ETHNOS 2014; ISBN 978-5-4431-0047-0*). В течение 1762–1764 гг. было раскрыто 3 заговора, имевших целью свержение Екатерины, причём два из них были связаны с именем «Ивана Антоновича» – бывшего российского императора Ивана VI (*1740–1764*), который на момент переворота находился в заключении в Шлиссельбургской крепости. Император Иван VI был также убит. Тот факт, что императрицей была провозглашена узурпаторша, не имевшая на это никаких формальных прав, породил великую смуту. С 1764 по 1773 гг. в стране появилось семь Лжепётров III, утверждавших, что они – «воскресший» Пётр III. Восьмым стал Емельян Пугачёв (*1742–1775*) – предводитель кровавого крестьянского восстания, длившегося почти три года.

11. Официальные названия Академии наук с 1724 года по настоящее время:

1724 – Академия наук и художеств в Санкт-Петербурге
1747 – Императорская академия наук и художеств в Санкт-Петербурге
1803 – Императорская академия наук
1836 – Императорская Санкт-Петербургская академия наук
1917 – Российская академия наук
1925 – Академия наук СССР
1991 – Российская академия наук

12. Языковая политика – система мероприятий и законодательных актов, проводимая властями и/или общественными институтами страны, которые путём изменения или поддержки определённых языковых норм могут эффективно влиять на общество и пути его развития (или тормозить это развитие). Языковая политика, как и любой другой вид политики, отражает ценности определённых общественных групп, часто в ущерб интересам других партий, классов и народов.

13. Вятичи – восточноевропейский племенной союз, живший в VIII–XII веках на территории современных Московской, Калужской, Орловской, Рязанской, Смоленской, Тульской и Липецкой областей. Самоназвание вятичей (**vętitji*) восходит к индогерманскому корню **vęt- «большой»* и сопоставимо, к примеру, с этнонимом ‚вандалы' (*древнегерманский народ, близкий готам*). Эти этнонимы означали «большой народ». В отличие от славян, вятичи хоронили умерших в курганах: «*И, если кто умрёт, совершают над ним тризну. После неё складывают большой костёр, кладут на него мертвеца и сжигают. После этого, собрав кости, складывают их в малый сосуд и ставят на столбе у дороги.*

Так делают вятичи и ныне. Такому же обычаю следуют и кривичи, и прочие язычники.» (Повесть временных лет). Женщины носили характерные украшения – шейные гривны, которые не принадлежат к числу распространённых украшений в восточнославянском мире X–XII вв.

14. Кривичи – союз восточноевропейских племён, который образовался в VI–X веках, в основном, на территории современной Белоруссии и Псковской области России. Отличительной чертой погребений кривичей являются длинные курганы – валообразные земляные насыпи. Все длинные курганы содержат захоронения по обряду трупосожжения. Кривичская курганная культура отличается от синхронных славянских культур Поднепровья. В VIII–IX веках началось массовое расселение славян на этих территориях. Большими группами они селились на правобережье Днепра и Березине. Впереди шли вооружённые дружины, вслед за ними – земледельческое население, которое ассимилировало местные племена. Последний племенной князь кривичей Рогволод вместе с сыновьями был убит в 980 году.

15. Поляне захватили в IX веке земли по среднему течению Днепра, на его правом берегу. То же название имело и западнославянское племя в районе Гнезно, впоследствии давшее своё имя полякам и Польше.

16. Мурза – аристократический титул в тюркских государствах. В эпоху правления Екатерины II мурзы были уравнены в правах с российским дворянством.

17. См. Главу Халифат: 1.4.5.1 – 1.4.5.9.

18. Тайный советник в Российской империи – гражданский чин III класса в Табели о рангах, соответствовал чинам генерал-лейтенанта и вице-адмирала. Лица, его имевшие, занимали высшие государственные должности, к которым были приравнены и академики Академии Наук.

Источники

I. Le Bon, Gustave: Lois psychologiques de l'évolution des peuples; Deuxième édition revue; Paris: Félix Alcan 1895; p. 12.

II. Там же; p. 16.

III. Предисловие: Словарь Академии Российской; Санкт-Петербург: Императорская академия наук 1789.

IV. Там же.

V. Ключевский, Василий Осипович: Русская история. Полный курс лекций; Лекция восемьдесят первая; http://bibliotekar.ru/rusKluch/81.htm

VI. Лепёхин, Александр Николаевич: Фамилии служивых людей, проживавших в п. Дедилове в XVI–XVII вв.; Дедилово Тульской области: Авторская рукопись 1990-е.

VII. Карнович, Е. П.: Родовые прозвания и титулы в России и слияние иноземцев с русскими; Санкт-Петербург: Издатель «А. С. Суворин» 1886.

VIII. Яндекс.Словари: Wikipedia.org/wiki/ Засечная_черта; скачано: 03:30, 12 января 2013.

IX. Dösseler, Emil: Soester auswärtige Beziehungen, besonders im hansischen Raum – Teil I, Einführung und Überblick; Soest: Westfälische Verlagsbuchhandlung Mocker & Jahn 1988; S. 123.

X. Florida, Richard: The Rise of the Creative Class. And How It's Transforming Work, Leisure and Everyday Life; Basic Books 2002.

1. ХАЛИФАТ

1.1. 10 сентября 1780 года ракетные части султана Типу (*Tipu Sultan; 1750–1799*) индийского княжества Майсур в битве при Поллилуре (*Battle of Pollilur*) испепелили британские войска, до того казавшиеся непобедимыми. После серии унизительных военных поражений Османской империи в XVIII веке это была ошеломляющая победа мусульманского мира, продемонстрировавшего в этом сражении своё военно-техническое и тактическое превосходство над европейцами. Индийские мусульмане впервые в военной практике применили для ведения фронтального огня, сочетавшегося и с бомбардировкой по площадям, цельнометаллические ракеты до 1 метра длиной и 7,6 см в диаметре. Дальность поражения превышала 2 км. В битве использовались также и передвижные ракетные установки залпового огня, выпускавшие по 10 ракет сразу. 3000 британцев было убито, 7000 захвачено в плен.

I

1.1.1. Поражение британцев в Индии дало повод султанам Османской империи Абдул-Хамиду I (*1725–1789*) и Селиму III (*1761–1808*) выступить посредниками между Королевством Великобритания и княжеством Майсур и, тем самым, продемонстрировать своё лидерство в мусульманском мире. Тем более, что британцы сами об этом просили Османов[1]. И дело было не просто в центральном географическом положении Османской империи, граничившей как с христианскими, так и с мусульманскими странами.

1.1.2. За шесть лет до этого произошло событие, давшее турецким правителям право считаться главными среди прочих султанов, т. е. светских самодержцев мусульманских стран, где духовная власть была прерогативой имамов. Екатерина II (*1729–1796*), узурпировавшая власть в результате кровавого переворота[2], после победоносной русско-турецкой войны 1768–1774 годов «неожиданно» признала побеждённого турецкого султана Абдул-Хамида I халифом. Это признание, радикальным образом повлиявшее впоследствии на соотношение геополитических сил в мире, имело богатую предысторию.

1.2. После смерти пророка ислама Мухаммеда (*571–632*) основанную им теократическую империю[3] возглавили его родственники и последователи, называвшиеся халифами, т. е. «заместителями, наместниками»: вначале его друг, сподвижник и тесть Абу Бакр (*572–634*), отец жены пророка Аиши (*612–678*); затем – энергичный Умар ибн аль-Хаттаб (*585–644*), отец другой жены Мухаммеда – Хафсы (*602–661*). Третьим халифом был Усман ибн Аффан (*574–656*), женившийся на двух дочерях пророка Мухаммеда – Рукайи и Умму Кульсум. Усман ибн Аффан на все важные государственные посты назначал исключительно родственников.

1.2.1. Четвёртым халифом был избран Али ибн Абу Талиб (*600–661*) – выдающийся деятель, двоюродный брат и зять пророка Мухаммеда, взявший в жёны младшую дочь пророка Мухаммеда Фатиму (*605–633*). Мусульмане-сунниты[4] рассматривают его как последнего из четырёх праведных халифов[5]. Мусульмане-шииты[6] почитают Али как Первого Имама[7] и как святого, связанного особыми узами близости с Мухаммедом.

1.2.1.1. Али ибн Абу Талиб был убит хариджитами – мусульманской религиозной группировкой, выступавшей против чрезмерной централизации духовной и светской власти в руках халифов. Ими было также совершено покушение на Муавийю ибн Абу Суфьяна (*603–680*) – успешного полководца и флотоводца, создавшего арабский военный флот. В 651 году состоялось первое крупное морское сражение между мусульманским и византийским флотами, и, несмотря на численное превосходство, византийцы были повержены.

1.2.2. Муавия после убийства Али стал халифом. Он принадлежал к семейному клану Омейядов племени курайшитов, из которого происходил и пророк Мухаммед. Муавия перенёс столицу Халифата в Дамаск, основал династию Омейядов и отменил выборность халифов, введя престолонаследие. Омеяды правили Арабским халифатом 90 лет.

1.2.3. В 740-е годы началось протестное движение неарабских мусульман в Хорасане[8], которое возглавил раб Абу Муслим (*700–755*). Это восстание привело к падению Омейядов. К власти пришли Аббасиды, ведшие родословную от Аббаса ибн Абд аль-Мутталиба (*566–653*), дяди пророка Мухаммеда.

Соединив в себе неограниченную духовную и светскую власть, Аббасиды были верховными правителями мусульманского мира 508 лет (*750–1258*).

1.2.3.1. В самом начале их правления произошло событие, несомненно повлиявшее на дальнейший ход мировой истории. В 751 году, близ казахского Тараза, произошла битва, в которой войска Абу Муслима нанесли поражение китайцам, в 749 году захватившим Ташкент. Битва положила конец продвижению на запад границ Танской империи[9].

1.2.4. Но уже в IX веке Аббасиды потеряли контроль над значительной частью своих владений: персидские династии Тахиридов и Саффаридов стали самостоятельно править в Хорасане и Систане[10], расширив свои владения до территории современного Южного Казахстана.

1.2.5. В Египте реальная власть принадлежала Тулунидам – первой, фактически независимой от Халифата, египетской династии тюркского происхождения. Основателем династии был раб Тулун из тюрков-огузов, сын которого Ахмед ибн Тулун (*835–884*), захватив власть в стране, в 870 году был провозглашён эмиром Египта.

1.2.6. В самом Багдаде в 945 году власть перешла к Буидам, которые были приверженцами персидской культуры и её традиций.

1.2.6.1. Ещё через 110 лет верховными правителями Багдада стали тюрки-сельджуки, предводителем которых был Тогрул-бек (*букв. Князь-сокол; 990–1063*). Он окружил себя персидскими и арабскими советниками, что вызвало неудовольствие сородичей.

1.2.6.2. Тюркская знать подняла восстание, из которого победителем вышел «Князь-сокол», передушивший царственных претендентов на престол (*дабы не проливать благородную кровь, что запрещалось по этикету*).

1.2.7. Только в середине XII века двое халифов из династии Аббасидов Мухаммад аль-Муктафи (*1096–1160*) и Абуль-Аббас Ахмад ан-Насир Лидиниллах (*1158–1225*) смогли снова восстановить авторитет своей династии в мусульманском мире. Но в это время на арену мировой истории уже вышли монголы.

1.2.8. В начале 1258 года монгольские войска под командованием внука Чингисхана (*1155–1227*) Хулагу (*1217–1265*) осадили Багдад. 10 февраля 1258 года монголы прорвали оборону города. Багдад был разграблен и сожжён, погибло до миллиона его жителей; библиотеки, включая Дом Мудрости[11], уничтожены. Интеллектуальный центр мира был разрушен и несколько столетий оставался грудой развалин. Закончился Исламский Золотой Век[12]. Падение Багдада было психологическим ударом, от которого мусульманский мир долго не мог оправиться. Ислам замкнулся в себе, стал менее терпимым к конфликтам веры и разума...

1.2.8.1. Последнего багдадского халифа из династии Аббасидов – Аль-Мустасима (*1213–1258*) – монголы, не желавшие проливать «*благородную кровь*», завернули в ковёр и бросили под копыта коней. По другой версии – его уморили голодом и жаждой, заперев в собственной сокровищнице.

1.2.9. В начале июня 1261 года в Каире появился чернокожий странник Ахмед, являвшийся, по его словам, сбежавшим из монгольского плена сыном халифа Аз-Захира (*1176–1226*), который, за 35 лет до того, неполный год (*1225–1226*) находился у власти в Багдаде. Выдающемуся полководцу и предводителю мамлюков[13] Бейбарсу I (*1223–1277*) из казахского рода Берш[14], к которому перешла фактическая власть в Каире после того, как он в 1250 году разгромил крестоносцев и пленил их предводителя короля Людовика IX Французского (*1214–1270*), Ахмед пришёлся как нельзя кстати. В нём «признали» наследника Аббасидов и «назначили» халифом под именем Аль-Мустансира II (*?–1261*). Чёрный цвет кожи новоиспечённого халифа объяснили тем, что мать его была африканской наложницей халифа Аз-Захира. Через четыре дня после прибытия «Аль-Мустансира II» Бейбарс принёс ему присягу на коране. Тот, в свою очередь, утвердил бывшего раба, проданного в мамлюки, во владении всеми мусульманскими странами, а также землями, которые будут отвоёваны у «неверных» — крестоносцев и монголов.

1.2.10. Потом ещё не раз будут появляться на Ближнем Востоке «чудесно спасшиеся». Самый примечательный из них – Аль-Хаким I (*?–1302*), которого 16 ноября 1262 года, после смерти Аль-Мустансира II, признали новым халифом. Его потомки занимали этот пост до 1517 года, когда Египет завоевала Османская империя.

1.2.11. Последнего – восемнадцатого – каирского халифа Аль-Мутаваккиля III (*? –1543*) турецкий султан Селим I (*1470–1520*) повелел доставить в свой дворец, где по легенде халиф передал ему знаки верховного властителя мусульманского мира – плащ и меч пророка Мухаммеда. Таким образом, 9-й султан Османской империи Селим I стал 88-ым халифом. Удвоив за время своего правления территорию империи, Селим I задумал стать и властителем душ всех мусульман. Но неожиданная смерть от чумы в расцвете сил (в 54 года) помешала реализации его планов.

1.2.12. Последующие правители Османской империи не старались афишировать свой титул халифа, понимая, что среди их подданных есть достаточное количество влиятельных мусульман, ведущих свою родословную непосредственно от семейства пророка Мухаммеда. Да и турецким султанам сложно было доказать своё происхождение от арабского племени курайшитов, из которого происходил пророк Мухаммед. По канонам суннизма, который исповедуют и турки, только курейшиты могли быть избраны или назначены халифами. И процедура передачи реликвий пророка в Истамбуле уж больно смахивала на вынужденный акт пленника, следы которого потом затерялись. Так что, турецкие султаны сочли благоразумным не накалять страсти в мусульманском мире по этому поводу. Вот, если бы турецкого султана дружно признали халифом султаны других мусульманских стран, а ещё бы лучше – христианских! Но на это никак не приходилось расчитывать: уж больно свежи были в памяти эксцессы турецких войн[15] и осады столицы Немецкой империи Вены[16]. Даже последовательные союзники турок – французские короли – не решались на такое, обоснованно опасаясь бури народного гнева. Желанное и неожиданное (?) признание пришло оттуда, откуда его вроде бы совсем не ожидали.

1.3. В первой половине XVIII века Англия, Швеция, Голландия и Российская империя, несмотря на крайне острые противоречия в других вопросах, выступали единым фронтом за соблюдение прав христиан некатоликов в Польско-литовском государстве. Особенно болезненно воспринимались всплески католического фанатизма в Немецкой империи, императоры-католики которой были гарантом прав подданных, исповедовавших православие или протестантские направления в христианстве. Католический фанатизм не раз являлся причиной обоснованных и резких демаршей со стороны протестантских князей Немецкой Империи, которых поддерживали Англия и Швеция.

1.3.1. Для Екатерины II, незаконно присвоившей корону Российской империи, образ заступницы за права православных в Речи Посполитой был крайне важен. Это был один из немногих вопросов, который мог найти поддержку со стороны подавляющего большинства подданных, поскольку в силу обстоятельств своего «взошествия» на престол, во внутренней политике она могла опереться лишь на незначительную часть дворянства. И почти сразу же после переворота, ловко используя наработанные её мужем, императором Петром III (*1728–1762*), контакты, Екатерина II начинает вместе с Пруссией проводить политику активного вмешательства во внутренние дела Речи Посполитой, ставшей, по её мнению, из-за внутренних раздоров неуправляемой[17].

1.3.2. Для союзника Османской империи Франции, опиравшейся в своей восточной политике на Польшу, такое развитие событий являлось крайне нежелательным, и были собраны драгоценности для подкупа влиятельных лиц в Константинополе, чтобы Османская империя выступила против Российской. Делалось всё возможное для развязывания войны, в общем-то, ни россиянам, ни туркам в то время совершенно не нужной.

1.3.3. 6 октября 1768 года по новому стилю османский великий визирь пригласил к себе российского посла Алексея Михайловича Обрескова (*1718–1787*), обошёлся с ним оскорбительно и приказал заключить его в тюремный Семибашенный замок, условия содержания в котором, впрочем, были не очень стеснительными. Формальным поводом для такого недружественного выпада явился факт временного вступления антипольски настроенных украинских партизан в принадлежавший туркам г. Балта, где квартировали польские шляхтичи, находившиеся на тот момент в союзе с турками.

1.3.4. В январе 1769 года крымские татары (вассалы Османской империи) попытались совершить набег на Украину, но были отбиты. А 6-го марта отряд российской армии под командованием генерал-аншефа Густава Густавовича Берга (*1710–1778*) занял Азов. Отряды генералов Иоганна Фридриха фон Медем (*Johann Friedrich Freiherr von Medem (?–1785*) и графа Готтлоба Курта Генриха фон Тотлебена (*Gottlob Curt Heinrich Graf von Tottleben, Herr auf Tottleben, Zeippau und Hausdorf im Saganschen; 1715–1773*) успешными действиями заставили кабардинцев и другие народы Северного Кавказа признать над собой власть Российской империи. Расчёты Турции расширить свои владения в Причерно-морье и на Кавказе, а также захватить Астрахань, соединившись с казахским Младшим жузом и, в конечном счете, с базой ставленника Вольтера Кано де Борегарда на Средней Волге[18], провалились. В Средиземном море эскадра российского флота нанесла поражения турецкому в сражениях у острова Хиос (*24 июня 1770 года*) и в Чесменской бухте (*5–7 июля 1770 года*).

1.4. Но 10 июля 1774 года «в лагере при деревне Кючук-Кайнарджи», что ныне в Болгарии[19], был заключён мир, явившийся спасительным для Османской империи и её союзников. Конечно же, главный переговорщик с турецкой стороны – блистательный дипломат Ахмед Резми Эфенди (*1700–1780*) – сделал всё, чтобы снивелировать успехи российского оружия. Однако, вряд ли бы задуманное им воплотилось в чётко сформулированные параграфы договора и было реализовано на практике, если бы на то отсутствовало «высочайшее соизволение» Екатерины II.

1.4.1. Российская армия вошла в Крым, и, казалось, что во всех городах империи должны были бы прогреметь салюты в ознаменование освобождения земли, явившейся колыбелью христианства для народов Восточной Европы.

1.4.1.1. Ещё в четвёртом веке восточноевропейские готы приняли христианство, первоначально в виде арианства[20], явившись, тем самым, первым христианским народом

Восточной Европы и первым германским христианским народом. Они хранили те традиции Святой Веры, которые сейчас известны как Православие, даже в тяжкие времена иконоборчества, поразившего Константинополь под влиянием усиливавшего своё влияние мусульманства. В 730 году византийский император Лев III Исавр (*717–741*) запретил почитание икон. Итогом стало уничтожение тысяч икон, а также мозаик, фресок, изваяний святых и расписных алтарей во многих храмах. Некоторые святые реликвии удалось всё же переправить в храмы Крыма, а возможно, и в днепровскую столицу готов Danpstadir – «город на Днепре». Чуть позже подвижники начали создавать пещерные храмы, из которых сейчас наиболее известна Киево-Печёрская лавра. Епископ Иоанн Готский, причисленный Православной Церковью к лику святых, посетил в 780 году Константинополь и беседовал с императрицей Ириной (*Ειρήνη; ок. 752–803*) о правой вере, после чего Второй Никейский собор в 787 году вновь утвердил иконопочитание. Восемь лет спустя Иоанн Готский возглавил сопротивление тюркам-хазарам, принявшим иудаизм.

После завоевания турками Константинополя в 1453 году, Морейского деспотата[21] в 1460 и Трапезундской империи[22] в следующем, 1461 году, Крымская Готия оставалась единственным независимым оплотом христинской веры в Юго-Восточной Европе и правопреемником Византийской империи.

1.4.1.2. В мае 1475 года великий визирь Османской империи Гедик Ахмед-паша завоевал генуэзскую Каффу[23], в октябре того же года, после пятимесячной осады, пал город-крепость Феодоро[24] – столица одноимённого готского княжества на южном побережье Крыма. Разозлённые долгой осадой, турки вырезали всё население города. Территория княжества вошла в состав Османской империи, но ещё долгое время население южного Крыма было христианским. Документально зафиксировано, что во второй половине XVI века в Крыму говорили на одной из германских лингвем («*крымско-готском языке*»)[25]. По данным археологов, мусульманские надгробия стали заметными лишь в XVII веке.[II]

1.4.2. По Кючук-Кайнарджийскому договору Крым не был присоединён к России, как, вроде бы, ожидалось от «*ревнительницы православной веры*» Екатерины II, хотя на присоединении Крыма настаивал и главнокомандующий Пётр Александрович Румянцев (*1725–1796*), которому было дано право подписать договор.

1.4.2.1. Приоритеты у самозванной императрицы были иные. В своей основе положительный пример религиозной интеграции Касимовского ханства[26] был отброшен. Ещё в 1767 году Екатерина II сняла все ограничения на строительство каменных мечетей и мусульманских общественных зданий. Под предлогом начала «*межконфессиональной толерантности*» 17 июня 1773 года, за год до окончания военных действий, Екатериной II был издан указ «*О терпимости всех вероисповеданий*», уже позволявший туркам проводить религиозную агитацию в Российской империи и строго запрещавший христианское миссионерство: «*Отныне Преосвященным Архиереям в дела, касающиеся всех иноверных исповеданий и построения по их законам молитвенных домов, не вступать, а предоставлять оное всё на рассмотрение светских команд. Преосвященные же Архиереи, также как и светские команды, должны прилагать, в силу Государственных законов, старание, чтоб от того между подданными Её Императорского Величества не могло быть никакого разногласья, а исключительно царила между ними любовь, тишина и согласие.*»[III]

1.4.3. Крым де-юре становился независимым от всякой посторонней власти, но этот же международный документ признал султана Османской империи «*яко верховного калифа магометанского закона*» (Арт.3), и «*все татарские народы*» должны были отныне управляться «*самодержавной властью собственного их хана чингисского поколения, всем татарским обществом избранного и возведённого, который да управляет ими по древним их законам и обычаям, не отдавая отчёта ни в чём никакой посторонней державе; и для того ни российский двор, ни Оттоманская Порта[27] не имеют вступаться как в* *избрание и возведение помянутого хана, так и в домашние, политические, гражданские и внутренние их дела ни под каким видом*».

1.4.4. «*Ни Оттоманская Порта*» звучит крайне лицемерно, поскольку в этом же параграфе договора прописывалось, что отныне мусульмане Российской империи «*имеют сообразоваться правилам, законом их предписанным*», то есть должны следовать указаниям турецкого султана, провозглашённого Екатериной II халифом. А поскольку у мусульман-суннитов религиозно-обрядовый и гражданско-юридический быт тесно связаны между собой, турецкому султану было фактически предоставлено право вмешиваться во внутренние дела не только Крыма, но и всей Российской империи, например, через назначение судей (кадиев), пользовавшихся непререкаемым авторитетом, в частности, у казанских татар.

1.4.5. Турецкий султан, названный халифом, тоже не остался в долгу. Было обещано «*употреблять священный титул императрицы всероссийской во всех актах и публичных грамотах, так, как и во всех прочих случаях на турецком языке, то есть: ТЕМАМЕН РУССИЕЛЕРИН ПАДЫШАХ.*» (Арт. 13). Для узурпаторши такое признание было далеко не лишним, особенно если учесть, что в Империи бушевала крестьянская война под предводительством Емельяна Пугачёва (*1742–1775*), который объявил себя её «*чудесно спасшимся*» мужем – императором Петром III (*1728–1762*). Одним из главных поводов взрыва народного гнева был указ «*просвещённой*» Екатерины II от 22 августа 1767 года, которым крепостным запрещалось жаловаться на помещиков. В условиях полной безнаказанности в усадьбах совершались жестокие преступления, которые оставлялись без расследования и последствий.

1.4.5.1. Ни по отцовской, ни по материнской линии будущая Екатерина II (*урождённая Sophie Auguste Friederike von Anhalt-Zerbst*) не имела прав на занятие российского престола. Членов семьи, в которой она воспитывалась до 15 лет, можно было бы назвать типичными представителями авантюрного европейского космополитизма XVIII века. Вероятно, исключением был её отец Кристиан Август (*Christian August, Fürst von Anhalt-Zerbst; 1690–1747*), который являлся заслуженным прусским генерал-фельдмаршалом. Но он по понятным причинам не смог уделить большого внимания воспитанию дочери и, в конце концов, не возразил против её перехода из лютеранства в православие.

1.4.5.2. Её матушка Иоганна-Елизавета (*Johanna Elisabeth von Schleswig-Holstein-Gottorf; 1712–1760*) прославилась тем, что в начале Семилетней войны (*1756–1763*) прятала у себя маркиза де Фрэнэ (*Marquis de Fraigne; 1726–1791*) – агента министра иностранных дел Франции кардинала де Берни (*François-Joachim de Pierre de Bernis; 1715–1794*). Скончалась Иоганна-Елизавета в Париже.

1.4.5.3. Дядя Екатерины по линии матери Адольф Фридрих (*Adolf Friedrich; 1710–1771*) был с 1751 года и до свой кончины избранным королём Швеции.

1.4.5.4. Брат Фридрих (*Friedrich August, Fürst von Anhalt-Zerbst; 1734–1793*) – мелкопоместный князёк-деспот, только с 1778 по 1783 год продавший Британии 1152 солдата для войны в Северной Америке. Был изгнан из своего родового Анхальт-Цербсткого (*Anhalt-Zerbst*) княжества, скитался и умер на чужбине, не оставив наследников. После его смерти княжество упразднили.

1.4.5.5. Бытует легенда, почему именно Екатерина (*т. е. Sophie Auguste Friederike von Anhalt-Zerbst*) была выбрана бездетной императрицей Елизаветой Петровной (*1709–1761*) в жёны её племяннику, внуку Петра Великого и наследнику российского престола, будущему императору-реформатору Пётру III Фёдоровичу (*урождённый Karl Peter Ulrich von Schleswig-Holstein-Gottorf; 1728–1762*), не скрывавшему своего желания видеть стратегическими партнёрами Российской империи Немецкую Империю и Прусское Королевство. Дескать, на смертном одре мать Елизаветы Петровны – императрица Екатерина I (1684–1727) – завещала ей стать женой голштинского принца Карла Августа (*Karl August von Schleswig-Holstein-Gottorf; 1706–1727*), что чуть было и не случилось. Но за несколько дней до свадьбы принц неожиданно заболел и скончался. И, якобы, в знак памяти о не состоявшемся замужестве наследнику престола была выбрана невеста именно из этого семейства. Но истинная суть видится в другом.

1.4.5.6. Сама Елизавета была воспитана «на французский манер». Её первый учитель Исаак Павлович Веселовский (*1689–1754*) привил ей любовь к Франции. Именно с Елизаветы принято начинать отсчёт российской галломании (*страстного почитания «всего французского»*). После кончины Веселовского, в 1756 году в Санкт-Петербурге появился агент французской разведслужбы – Королевского секрета – Шевалье д'Эон (*Charles-Geneviève-Louis-Auguste-André-Timothée d'Éon de Beaumont; 1728–1810*), знаменитый тем, что первую половину жизни он/она провёл/а как мужчина, а вторую – как женщина. Д'Эон настолько преуспел/а в своей миссии как женщина, что был/а допущен/а в число фрейлин российской самодержицы, ежедневно читая ей на сон грядущий.

1.4.5.7. Кандидатура Екатерины, выросшей в окружении галломанов, как нельзя лучше подходила для «нивелирования» немецкости будущего императора. Но события приняли более драматичный оборот. Император-реформатор Пётр III был свергнут путчистами, во главе которых стояла Екатерина, и убит. Оправдывала кровавую расправу над законным императором мужеубийца-узурпаторша его немецкостью: дескать, хотел преобразования «*на немецкий манер*». И всё-таки за 186 дней своего недолгого правления Пётр III сумел провести существенные реформы[27].

1.4.5.8. Разрекламированное большевиками «*приглашение Екатериной II немцев*» являлось по сути гешефтом французских «зазывателей» под руководством ростовщика Вольтера. Эта акция нанесла ощутимый вред имиджу немцев империи[28].

1.4.5.9. Конечно же, это может показаться мелочным и несущественным, но всё же: среди многочисленных фаворитов и любовников Екатерины II не было ни одного немца.

1.4.6. Как раз в день подписания Кючук-Кайнарджийского договора (10 июля 1774 года) Емельян Пугачёв одержал победу под Казанью в битве с регулярной российской армией. 12 июля повстанцами был взят практически весь город, но гарнизону удалось организовать оборону Казанского кремля, где укрылись остатки жителей, и приготовиться к осаде. Осаждённых выручил подоспевший на помощь отряд Ивана Ивановича Михельсона (*Johann von Michelsohnen; 1740–1807*), который разгромил пугачёвцев.

1.4.6.1. Пугачёвский бунт поддержали башкиры и татары, высшее духовенство которых – саиды[30] – вели свою родословную непосредственно от семьи пророка Мухаммеда. Немалое число татарских, башкирских и казахских саидов из знатных семейств и родов, в соответствии с канонами мусульманства, имели больше оснований быть названными халифами, нежели самодержцы Османской империи. Подавляющее большинство российских мусульман не поверило в законность власти Ектерины II, и им было отказано в «высочайшем благоволении». В наставники к ним для назидания были определены турецкие султаны.

1.4.7. В развитие политики толерантного попустительства, вернее, политики по расширению сфер турецкой экспансии, крымский хан и масон Шахин Герай (1745–1787), на деспотизм которого крымчане жаловались даже Екатерине II, при её же поддержке стал ещё и ханом Кубани, что привело к активной мусульманизации до того христианских народов Северного Кавказа – кабардинцев, чеченцев, ингушей и т.д.

1.4.7.1. Несомненно, не без согласия Екатерины II командующий российскими войсками в Крыму Александр Васильевич Суворов (*1730–1800*) произвёл религиозно-этническую «зачистку» и депортировал с полуострова всех христиан, до того столетиями худо-бедно уживавшихся с мусульманами: крымских готов, греков, армян.

1.4.8. Бесконечно долго антигосударственная политика попустительства разрушительным силам Империи продолжаться не могла, и 8 апреля 1783 года был издан манифест, по которому Крым, Таманский полуостров и Кубань всё-таки становились территориями непосредственного подчинения Российской империи.

1.4.9. Создать базу антиимперских сил на юге поначалу не удалось, но в 1788 году Екатериной II была учреждена дожность Муфтия[31], который в соответствии с иерархией мусульманского духовенства естественным образом не мог «ослушаться» Верховного Муфтия, находившегося в Турции. Формально утверждаемый «*светской командой*» Муфтий возглавлял «Оренбургское магометанское духовное собрание», располагавшееся в г. Уфе. Через уфимского Муфтия турецкие Верховные Муфтии, они же и турецкие султаны, первый из которых был официально признан Екатериной II «*верховным халифом*», могли выдавать указы муллам и активно вмешиваться в общественную жизнь империи. Огромной части подданных Российской империи было приказано жить по законам шариата. Такого не было даже во времена «татаро-монгольского ига»! На южных и восточных пределах Империи, на её собственной территории, была создана религиозно-правовая база, способная конкурировать с её государствообразующими устоями.

1.4.9.1. Шесть лет спустя, в 1794 году указом Екатерины II было образовано магометанское духовное управление и в Крыму, с центром в Симферополе, в чью юрисдикцию входили также и западные губернии Российской империи.

1.4.10. Несомненно, вхождение мусульманских народов в состав Российской империи явилось одним из определяющих факторов её прогрессивного дальнейшего развития, тем более, что у них, как например, у казахов[32] и татар[33], были многовековые традиции государственного строительства. Их духовные и светские лидеры пользовались заслуженным авторитетом в мусульманском мире. Но в глазах Екатерины II и её приспешников у них был «существенный недостаток» – честные духовные предстоятели отечественных мусульман не могли признать над собой власть мужеубийцы.

1.4.10.1. И вряд ли случайно центром подотчётного османскому султану-халифу муфтията[34] была избрана именно Уфа, где, как Екатерине II могло показаться, отсутствовала, в отличие от других мусульманских центров империи, богатая традиция государственности, и местная элита которой вроде бы не могла, как та же казахская или татарская, претендовать на духовную преемственность от семейства пророка Мухаммеда. К тому же управленческие традиции, заложенные губернатором Иваном Варфоломеевичем Ламбом (*Johann-Bartholomeus Lamb/Lambert/Lammert; ?–1801*), «*знаменитого своим трудолюбием*», вроде бы тоже должны были приучить местную элиту к покорности.

1.5. При Екатерине II начали формироваться и утверждаться новые элиты, осознававшие свои древние духовные истоки и предлагавшие, в отличие от имперских немцев, вектор нетехнократического развития Империи.

IV

Потомок татарского мурзы, писатель Александр Иванович Куприн (1870–1938)

Екатерина II никогда не приглашала в Россию именно немцев[35], о чём постоянно назойливо твердит растиражированный большевиками миф, но она с полным основанием может считаться «матерью» антироссийского (и антинемецкого) турецкого халифата. Признание турецкого султана халифом, хоть и бессовестной узурпаторшей высшей государственной власти Российской империи, несомненно явилось и выдающейся победой османской дипломатии.

Пояснения

1. Сохранилось лишь обращение Британской Ост-Индской компании (*East India Company*) к Селиму III, правившему с 1789-го по 1807 год.

2. Екатерина II захватила власть в результате убийства мужа и устранения ненужных свидетелей, приведших её во власть (*см: Вальтер Фризен: Империя Знаний; Dortmund-Bodelschwingh: AFZ ETHNOS 2014; ISBN 978-5-4431-0047-0*). В течение 1762–1764 гг. было раскрыто 3 заговора, имевших целью свержение Екатерины, причём два из них были связаны с именем «Ивана Антоновича» – бывшего российского императора Ивана VI (*1740–1764*), который на момент переворота находился в заключении в Шлиссельбургской крепости. Император Иван VI был также убит. Тот факт, что императрицей была провозглашена узурпаторша, не имевшая на это никаких формальных прав, породил великую смуту. С 1764 по 1773 гг. в стране появилось семь Лжепетров III, утверждавших, что они – «воскресший» Пётр III. Восьмым стал Емельян Пугачев (*1742–1775*) – предводитель кровавого крестьянского восстания, длившегося почти три года.

3. Теократичекое государство признаёт верховенство религиозных устоев, его главой является предстоятель церкви или духовный лидер, который обладает высшей государственной властью.

4. Сунниты – последователи наиболее многочисленного направления в исламе. Верховная власть в системе теократического исламского государства (халифате) по воззрению суннитов должна принадлежать правителям (халифам), избираемым или назначаемым из числа арабского племени курайшитов, из которого происходил пророк Мухаммед. Суннитские же богословы (улемы), в отличие от шиитских, не пользуются правом выносить собственные решения по наиболее важным вопросам религиозной и общественной жизни. Их роль сводится прежде всего к толкованию священных текстов.

5. Праведными сунниты величают первых четырёх халифов: Абу Бакра ас-Сиддика (*572–634; праведный халиф: 8 июня 632 года – 22 августа 634 года*), Умара ибн аль-Хаттаба (*585–644; праведный халиф: 23 августа 634 года – 3 ноября 644 года*), Усмана ибн Аффана (*574–656; праведный халиф: 11 ноября 644 года – 17 июня 656 года*) и Али ибн Абу Талиба (*599–661; праведный халиф: 18 июня 656 года – 24 января 661 года*). Государство, в котором правили халифы, называлось Праведным халифатом (8 июня 632 года – 24 января 661 года).

6. Мусульмане-шииты убеждены в том, что руководство мусульманской общиной должно принадлежать имамам – назначенным Аллахом, избранным лицам из числа потомков пророка, к которым они относят Али ибн Абу Талиба и его потомков от дочери Мухаммеда Фатимы, а не халифам. Шиизм преимущественно распространён в Иране, Азербайджане, Бахрейне, Ираке и Ливане.

7. Имам – духовное лицо в исламе; он заведует мечетью, совершает требы. В суннитском исламе титул имам носят наиболее выдающиеся богословы. У шиитов имам выполняет обязанности посредника между человеком и Богом. Сунниты считают, что имамат, то есть духовная и светская власть, должна доставаться лучшему из членов исламской общины (уммы), а шииты признают лишь наследственный переход власти. В Северо-Кавказском имамате (*1829–1859*) титул имама носил глава этого государства.

8. Исторический Хорасан включал территории, которые сегодня находятся в Иране, Таджикистане, Афганистане, Туркмении, Южном Казахстане и Узбекистане.

9. Танская империя была основана китайской династией Тан. Существовала с 18 июня 618 года по 4 июня 907 года. Эпоха династии Тан традиционно считается в Китае периодом его наивысшего могущества.

V

10. Систан / Сакастан «страна саков» – исторический регион на юго-востоке Ирана и юго-западе Афганистана.

11. *Дом Мудрости* – исламская академия, основанная в 20-е годы IX века халифом ал-Мамуном (*786–833*) в Багдаде. Важнейшей задачей академии был перевод на арабский язык индийских и древнегреческих трудов по астрономии, математике, медицине, алхимии, философии. 12 февраля 1258 года после вступления в Багдад войска монгольского хана Хулагу (*1217–1265*) Дом Мудрости был разрушен, а хранившиеся в нём книги – сброшены в реку Тигр.

12. Золотой век ислама – исторический период с середины VIII до середины XIII века, в начале которого Арабский халифат был крупнейшим государством своего времени. В рамках халифата сложилось общемусульманское культурное пространство. В это время развились математика, медицина, философия, физика, химия и другие науки. Исламская культура, простиравшаяся от южной Испании до Китая, вобрала в себя достижения учёных самых разных национальностей и вероисповеданий. Она развивала знания египтян, греков и римлян.

13. Мамлюки – военная каста в средневековом Египте, рекрутировавшаяся из юношей-рабов неарабского происхождения. Юноши обращались в ислам, обучались арабскому языку и тренировались в закрытых лагерях-интернатах для несения военной службы.

14. Род Берш является одним из древнейших и значительных родов как казахов, так и общетюркского этноса. Земли рода Берш находились в междуречье Волги и Урала.

15. С середины XIV века после ослабления Византийской империи турки начали свою экспансию в Европе.

16. Столица Немецкой империи Вена дважды осаждалась турками: с 23-го сентября по 14-е октября 1529 года и с 14-го июля по 12-е сентября 1683 года. Обе осады были отражены ценой огромных потерь.

17. Речь Посполитая (*полонизированное Res Publica*) возникла как федерация Королевства Польского и Великого княжества Литовского в результате подписания в 1569 году Люблинской унии. В первые годы существования государства в нём господствовала веротерпимость: в 1573 году была провозглашена свобода вероисповедания, что сделало Речь Посполитую самой толерантной страной Европы того времени. Но именно религиозный вопрос широко использовался соседями Речи Посполитой для вмешательства в её внутренние дела.

В 1767 году через российского посла в Варшаве князя Николая Репнина (*1734–1801*) Екатерина II инициировала ликвидацию прогрессивных реформ Короля польского и Великого князя литовского Станислава II Понятовского (*1732–1798*), стремившегося отменить «liberum veto», которое позволяло любому члену Сейма (парламента) наложить запрет на любое законодательное решение и делало власть недееспособной. Фактически Екатерина II спровоцировала гражданскую войну в Речи Посполитой, послужившую предлогом для её раздела.

18. см. Вальтер Фризен: Империя Знаний; Dortmund-Bodelschwingh: AFZ ETHNOS 2014; ISBN 978-5-4431-0047-0.

19. ныне – приграничное с Румынией село Кайнарджа.

20. Арианство расходится с основным течением христианства в интерпретации природы Христа. Ливийский богослов Арий (*бербер по происхождению; 256–336)* утверждал, что Христос сотворён Богом и, следовательно, во-первых, имеет начало своего бытия и, во-вторых, не равен ему. Первый Никейский Вселенский собор (*июнь 325 года*) осудил арианство и утвердил постулат о «*единосущии Сына Отцу и Его предвечном рождении*».

21. Морейский деспотат (*Мистрский деспотат, греч.: Δεσποτάτο του Μυστρά*) был провинцией Византийской империи, существовавшей с середины XIV до середины XV веков. Он управлялся наследником византийского императора, который носил титул деспота. Столицей провинции был укреплённый город Мистра, располагавшийся рядом с древней Спартой.

VI

22. Трапезундская империя (*греч. Αυτοκρατορία της Τραπεζούντας*) – греческое государство, образовавшееся в 1204 году на анатолийском побережье Чёрного моря в результате обособления восточных византийских провинций после распространения в Малой Азии владычества турок. Владения империи, составлявшие некогда римскую провинцию Понт, оказались изолированными турецким Иконийским султанатом от византийских областей, лежавших в западной части Анатолийского полуострова.

VII

23. Выходцы из итальянского города Генуя при поддержке Византии монополизировали торговлю на Чёрном море, в 1266 году добились от Золотой орды передачи им во владение Каффы (*современная Феодосия*) в Крыму, ставшей позже центром их колоний, важнейшими статьями дохода которых были хлебо- и работорговля.

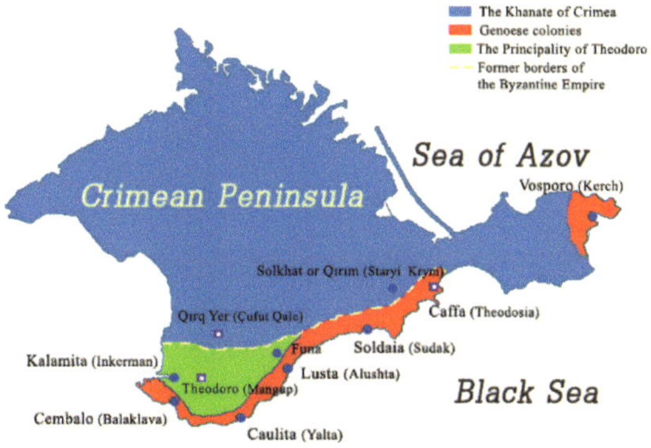

VIII

24. Население Готского княжества (*греч. Γοτθία*) состояло в основном из крымских готов, греков и алан, исповедовавших православие, и составляло к концу существования княжества не менее 150 тысяч человек. Постепенно усиливался тюркско-татарский компонент.

25. Готы были первым христианским народом Восточной Европы и первыми среди германцев приняли христианство. Многие историки склонны считать, что начало распространения христанства среди готов положили римляне, уведённые в плен королём готов Книвой (*лат. Cniva*) в 251 году, и которые потом стали их «господами и братьями»[IX]. О значительном распространении христианства у готов в начале IV века свидетельствовал выдающийся церковный деятель и писатель Афанасий Великий (*ок. 298–373*) в своей датируемой 319–320 годами речи «*De incarnatione Verbi*». Примерно в это же время образовалась Готская епископия, первым епископом которой с титулом митрополита стал Феофил. Он присутствовал на Первом Вселенском Соборе (325) и подписался под их актами как «митрополит Готии» (*в других списках – Феофил Боспоританский из Готии*). Феофил осуждал к тому времени достаточно распространённое среди готов учение Ария (*см. 20*), утверждавшего, что Христос сотворён Богом и, следовательно, не равен ему. Именно Феофил может считаться первоотцом Святой Веры, которая сейчас нам известна как Православие. В основе её – учение о Триипостасности Бога: Бога Отца, являющегося творцом всего сущего (видимого и невидимого), Бога Сына предвечно рождающегося от Бога Отца и Бога Святого Духа, предвечно исходящего от Бога Отца, что верно отражает и новейшие космогонические представления о начале сотворения Вселенной.

2-й епископ готов Вульфила (*Wulfila; 341–383*) создал готский алфавит и перевёл на готский Библию, которую можно рассматривать и как первое литературное произведение германских народов. Во второй половине IV-го века Готская епархия с центром в Крыму была причислена к Константинопольскому патриархату[X].

Когда тюркские кочевники стали угрожать восточным границам христианского мира, император Юстиниан I (*Flavius Petrus Sabbatius Iustinianus; ок. 482–565*) повелел укрепить стратегически важную столицу готов в Крыму, располагавшуюся на горном плато высотой 584 м над уровнем моря. По-готски город назывался THIUDANGARDI, т. е. «*княжеский/королевский замок*» (ср. перешедшее в восточноевропейские языки название управителя – *тиун/тивун* и *gard/город*). По-гречески название было созвучно переосмыслено как *Theodoro «Божья благодать» (греч.: θεός [theos] ‚бог‘ и δῶρον [dōron] ‚дар‘).*

Византийский писатель Прокопий Кесарийский (*лат. Procopius Caesarensis, греч. Προκόπιος ο Καισαρεύς; между 490 и 507 – после 565*) так описывал готскую столицу в VI веке: «*У побережья есть одно место, которое называется Дори, где с незапамятных времён живут готы ... Это место – высоко (в горах), но (климат) там – не суровый. Напротив, земля – очень хорошая, где созревают лучшие фрукты*»[XI].

Даже в тяжкие времена иконоборчества, поразившего Константинополь под влиянием мусульманства, готы сохранили верность традициям Православия. В 730 году византийский император Лев III Исавр (*717–741*) запретил почитание икон. Итогом стало уничтожение тысяч икон, а также мозаик, фресок, изваяний святых и расписных алтарей во многих храмах. Некоторые святые реликвии удалось всё же переправить в храмы Крыма, возможно, и в днепровскую столицу готов Danpstadir «*город на Днепре*». Чуть позже подвижники начали создавать пещерные храмы, из которых сейчас наиболее известна Киево-Печёрская лавра.

Епископ Иоанн Готский, причисленный Православной Церковью к лику святых, посетил в 780 году Константинополь и беседовал с императрицей Ириной о правой вере, после чего Второй Никейский собор в 787 году вновь утвердил иконопочитание. 8 лет спустя Иоанн Готский возглавил сопротивление тюркам-хазарам, принявшим иудаизм...

Готы Крыма, Северного Причерноморья и Поднепровья возводили архитектурные ансамбли, которые позже стали называться «*готскими крепостями/градами*». Это были отрытые в скальных породах жилища с улицами, подземными храмами и складами. На Украине сохранилось более 10.000 подобных свидетельств германского прошлого этого региона. На рубеже I-го и II-го тысячелетий только в Крыму жило до 100.000 готов. Современники писали, что «*из всех народов они были самыми гостеприимными*», «*умелыми земледельцами*» и «*опытными воинами*»[XII].

Готская епархия явилась бастионом христианства, откуда оно потом распространялось на Восток по «*Великому шёлковому пути*» и на Запад, вместе с германскими народами. «*Блеск и мощь готов способствовали тому, что их влияние распространилось до пределов (современной территории) Западной Германии и Скандинавии*»[XIII].

Середина XI века ознаменовалась новым вторжением тюрков в готские земли. Какое-то время готы платили дань кипчакам, но при этом отношения с Константинопольским патриархатом не прерывались, и на протяжении XI–XII веков они неоднократно принимали участие в церковных синодах[XIV]. Однако политическая власть Константинополя в Крыму всё более ослабевала. С 1287 года создававшая в Крыму опорные базы католическая Венеция стала оказывать давление на православных готов Крыма, а степная поднепровская Готия ещё раньше стала попадать под власть монголов. К этому времени относятся сообщения фламандского монаха-францисканца Гильома де Рубрук (*Guillaume de Rubrouck; ок. 1220 – ок. 1293*), венецианского дипломата, путешественника и государственного деятеля Иосафата Барбаро (*Giosafat Barbaro; 1413–1494*), путешественника Иоганна Шильтбергера (*Johannes Schiltberger; 1381–1440*) о том, что готы составляли значительную часть населения Крыма и ***«язык их был германский (teutonicum)»***[XV].

В 1396 году монах Матаиос (*Matthaios*) посетил Готию и её стольный град Теодоро, который по великолепию он сравнил с Константинополем[XVI].

После того, как в 1453 году турки захватили Константинополь, княжество Готия ещё на протяжении 22 лет было юридическим правопреемником некогда мировой Римской империи. В 1475 году после полугодовой осады Теодоро пало и оно. Уставшие и разозлённые долгой осадой турки устроили резню защитников крепости, что подтверждается археологами. Теодоро стал называться Мангуп-Кале. Но не в интересах завоевателей было разрушение городской инфраструктуры. Оставшимся в живых христианам было даровано право исповедовать свою веру.

В 1562 году австрийский посланник при дворе султана Ожье Гислен де Бусбек (*Ogier Gisleen van Busbeke; 1522–1592*) встретил в Константинополе готов, составил небольшой словник их языка из 96 слов и фраз, а также песню на готском языке.

В 1578 году польский посланник Мартин Броневский посетил Теодоро/Мангуп-Кале и восхитился прекрасным видом с двумя крепостями[XVII].

Пережившие лихолетье крымские христиане в 1773 году были выселены из Крыма по приказу Екатерины II.

26. Касимовское ханство или Касимовское царство (*Касыйм ханлыгы*) – феодальное государство, существовавшее в 1452–1681 годах на территории нынешней Рязанской области России. Главный город – Касимов. Духовенство было одним из самых влиятельных сословий и состояло из мулл (священников), хафизов (знатоков Корана), данишмендов (учителей). Возглавляли его сеиды/саиды (*«вождь, господин, глава» – почётный титул у мусульман для потомков пророка Мухаммеда*). Начиная с 70-х годов XVI века началась христианизация касимовских правителей. В 1573 г. принял крещение Сеин-Булат (?–1616), который был наречен Симеоном, а в 1653 г. – Сеид-Бурхан (1624–ок.1679), под именем Василий.

27. См.: Вальтер Фризен: Империя знаний; стр. 77 и далее.

28. Там же; стр. 82 и далее.

29. По́рта (*также Оттоманская Порта, Блистательная Порта, Высокая Порта*) – принятое в истории дипломатии и международных отношений наименование канцелярии великого визиря (главного министра) и дивана (высшего органа исполнительной и законосовещательной власти) Османской империи. Термин происходит от фр. *porte*, итал. *porta – «дверь», «врата»*, что является калькой с турецко-османского *Bâb-ı Âli* «высокие ворота». Так называются ворота в центре Стамбула, которые вели во двор великого визиря.

XVIII

Современный вид «высоких ворот»

30. Сеид/саид «*вождь, господин, глава*» – почётный титул у мусульман для потомков пророка Мухаммеда.

31. Муфтий – высшее духовное лицо у мусульман. Наделён правом выносить решения по религиозно-юридическим вопросам, давать разъяснения по применению правовых, морально-этических и религиозных норм ислама (шариата).

32. После распада Золотой Орды, в 1465 году на территории современного Казахстана и сопредельных с ним государств образовалось Казахское ханство (*каз. Қазақ хандығы*). При Касым-хане (*1455–1518*) Казахское государство достигло наивысшего расцвета. В XIV–XVI веках ханство разделилось на жузы – Старший (*Улы жуз*), Средний (*Орта жуз*) и Младший (*Киши жуз*). В XVIII веке три жуза признали Абылай-хана (*1711–1781*) общеказахским ханом. В 1837–1847 годах Кенесары Касымов (*1802–1847*) возглавлял национально-освободительное движение казахских родов за независимость от Российской империи.

33. В процессе распада Золотой Орды в XV–XVI веках образовался ряд государств:
Ак Орда (Белая Орда), правопреемниками которой явились:
- Большая Орда (*1433–1502*)
- Казанское ханство (*1438–1552*)
- Астраханское ханство (*1459–1556*)
- Крымское ханство (*1441–1783*)

Кок Орда (Синяя Орда), которая распалась на:
- Ногайскую Орду (*1440–1634*)
- Сибирское ханство (*1468–1607*)
- другие.

34. В 1788 году указом Екатерины II «*Об определении мулл и прочих духовных чинов* *магометанского закона и об учреждении в Уфе Духовного собрания для заведования всеми духовными чинами того закона в России пребывающими»* было организовано Оренбургское магометанское духовное собрание (муфтият). Первым муфтием стал крупный землевладелец, член Вольного экономического общества Мухамеджан Хусаинов (*1756–1824*). В ведении муфтията находились: испытание претендентов на приходские должности в знании канонов ислама, выдача указов муллам, надзор за действиями мусульманского духовенства, строительство и ремонт мечетей, заключение мусульманских браков, имущественные споры, случаи неповиновения детей родителям, правильность исполнения мусульманских обрядов и ведение метрических книг приходским духовенством и т. д.

35. См.: Вальтер Фризен: Империя знаний.

Источники

I. Wikipedia: http://upload.wikimedia.org/wikipedia/commons/c/c6/Rocket_warfare.jpg; статус: 8 January 2014 at 23:55.

II. А. Г. Герцен: Крымские татары // От киммерийцев до крымчаков (народы Крыма с древнейших времён до конца XVIII в.). — Симферополь: Таврия-Плюс, 2004.)

III. Полное собрание законов Российской империи. Собрание первое. 1770-1774 гг.; СПб 1830; Т.19; с. 775 – 776.

IV. Wikipedia: https://commons.wikimedia.org/wiki/File:Murza_Kuprin.jpg ; статус: 11 September 2015, at 14:58.

V. https://en.wikipedia.org/wiki/Tang_dynasty#mediaviewer/File:Tang_Dynasty_circa_700_CE.png

VI. https://de.wikipedia.org/wiki/Despotat_Morea#mediaviewer/File:Despotate_of_Morea_1450.svg

VII. https://upload.wikimedia.org/ ikimedia/commons/a/ad/ByzantinischesReich1265.svg

VIII. https://en.wikipedia.org/wiki/Gazaria_%28Genoese_colonies%29#mediaviewer/File:Caffa_and_Theodoro.PNG

IX. Wolfram, Herwig: die Goten: von den Anfängen bis zur Mitte des 6. Jahrhunderts; Entwurf einer historischen Ethnographie; München: C. H. Beck 1990; S. 87.

X. Müller-Karpe, Hermann: Grundzüge antiker Menschheitsreligion: 1. Jahrhundert v. Chr. bis 5. Jahrhundert; Stuttgart: Steiner 2000; S. 216.

XI. Preiser-Kapeller, Johannes: Die letzten Goten auf der Krim. In: Karfunkel. Zeitschrift für erlebbare Geschichte Nr. 66 (Oktober–November 2006); S. 122.

XII. Schreiber, Hermann: Auf den Spuren der Goten; München: List 1977.

XIII. Mildenberger, Gerhardt: Sozial- und Kulturgeschichte der Germanen; Zweite, ergänzte Auflage; Stuttgart-Berlin-Köln-Mainz: Verlag W. Kohlhammer 1977; S. 114: „Glanz und Macht der Goten hatten zur Folge, dass dieser Einfluss bis nach Westdeutschland und Skandinavien reichte."

XIV. Preiser-Kapeller, Johannes: Die letzten Goten auf der Krim. In: Karfunkel. Zeitschrift für erlebbare Geschichte Nr. 66 (Oktober–November 2006); S. 123.

XV. Wilhelm von Rubruk: Reisen zum Großkhan der Mongolen: von Konstantinopel nach Karakorum 1253–1255. Neu bearbeitet und herausgegeben von Hans D. Leicht; Stuttgart: Edition Erdmann in K. Thienemanns Verlag 1984; S. 39.

XVI. Beyer, H.-V.: Die Erzählung der Matthaios von der Stadt Theodoro. In: Byzantinische Zeitschrift 96 (2003); S. 35 – 47.

XVII. Ebenda; S. 26: „Die Stadt Mancopia erstreckt sich eher zu den Bergen und Wäldern hin und ist nicht mehr in der Nähe des Meeres gelegen. Sie besaß zwei Burgen, die auf einem sehr hohen felsigen und weit ausgedehnten Gelände errichtet wurden, die sich vom Felsen herab ergießen und zu Bewunderung Anlass geben."

XVIII. Giovanni Dall'Orto: Wikipedia; https://commons.wikimedia.org/wiki/File: DSC04009 _Istanbul_-_La_Sublime_Porta_-_Foto_G._Dall'Orto_25-5-2006.jpg; скачано 30.05.2016 в 12:30.

2. ДРУГИЕ НЕМЦЫ[1]

I

«...и почему не нужно золота ему...»
А. С. Пушкин. Евгений Онегин

2.1. Во славу Империи

2.1.1. 26 ноября 1769 года по ходатайству военного руководства Российской империи была утверждена Георгиевская лента для награждения героев, проявивших мужество на поле брани, а также выдающихся полководцев. Были определены четыре степени награды, названной в честь христианского святого Георгия, стоически перенёсшего мучительные пытки за веру. Червонно-золотой и чёрный являлись гербовыми цветами христианской Византийской и её вероносных держав-наследниц – Немецкой и Российской империй[2].

II
Герб Византийской империи

III
Герб Российской империи

IV
Герб Немецкой империи

Первой (наивысшей) степенью захапистая узурпаторша трона Екатерина II сразу же не преминула наградить себя.

2.1.2. Второй Георгиевской лентой, но уже третьей степени, в декабре 1769 года был удостоен ливонский рыцарь Немецкого ордена подполковник Фёдор Иванович фон Фабрициан (*1735–1782*), отличившийся 11 ноября 1769 года, когда, командуя отрядом численностью 1600 человек, наголову разбил турецкий отряд в 7000 человек и занял город Галац. В донесении руководству генерал-поручик Христофор Фёдорович фон Штофельн (1720–1770) докладывал об успешных инициативных действиях по уничтожению противника фон Фабрициана, подполковника фон Удома и капитана Зорина[V].

2.1.3. Первым георгиевским кавалером 4-й степени стал в феврале 1770 года ливонский рыцарь Немецкого ордена премьер-майор Рейнгольд Людвиг фон Паткуль (*Reinhold Ludwig von Patkul; 1730–1801*). Его отец Карл Густав фон Паткуль (*Karl Gustav von Patkul; 1686–1750*) был племянником сподвижника Петра I Иоганна Рейнгольда фон Паткуля (*Johann Reinhold von Patkul; 1660–1707*), явившегося инициатором объединения ливонских рыцарств Немецкого ордена с Царством Русским, в результате чего и была образована Российская империя[3]. Рейнгольд Людвиг фон Паткуль был отмечен Георгиевской лентой за мужество в боях с антироссийской Барской конфедерацией, открыто поддерживаемой французами и турками[4].

2.1.3.1. Сын Рейнгольда Людвига фон Паткуля Владимир Григорьевич Паткуль (*Woldemar Karl Friedrich Reinhold von Patkul; 1783–1855*) за отличие в Смоленском сражении во время Отечественной войны 1812 года с французами также стал кавалером ордена св. Георгия 4-й степени и впоследствии был награждён золотой шпагой «за храбрость».

2.1.3.2. В 1783 году адъютантом Рейнгольда Людвига фон Паткуля стал будущий военный министр Империи, ливонский рыцарь Немецкого ордена генерал-фельдмаршал Михаил Богданович Барклай-де-Толли (*Michael Andreas Barclay de Tolly; 1761–1818)*, которому Европа признательна за сохранение в труднейших условиях российской армии[5], без которой было бы невозможно освобождение её от французской оккупации[6] и предотвращение угрозы новой турецкой агрессии[7].

2.2. Ливонские рыцари и ливонские немцы

2.2.1. После объединения ливонских рыцарств Немецкого ордена с многонациональным Царством Русским и образования Российской империи ливонские рыцари и ливонские немцы стали гармоничной частью её креативно-служивого класса. Этнопсихологически[8] они заметно выделялись среди других немцев, что было обусловлено целым рядом исторических обтоятельств, способствовавших формированию особого субэтноса[9].

2.2.2. Их историю, возможно, следует начинать с X–XI веков, когда купцы прирейнских городов и Вестфалии начали осваивать торговые пути в восточную Европу. При этом они шли по маршрутам, проторенным ещё ранее фризами и тесно с ними кооперировавшимися купцами Бремена[VI]. Мобильность фризов не в последнюю очередь была обусловлена их особым статусом в Священной Римской империи – «*Фризской Свободой*» (*Friesische Freiheit*), дарованной им ещё основателем империи Карлом Великим (*748–814*). Залив, на берегу которого впоследствии был построен Кёнигсберг, долгое время именовался «фризским» (*Friesisches Haff / Frisches Haff, ныне – Калининградский залив*). Название фризского города Доккюм (*Dokkum*), имевшего большое стратегическое значение[10], перекликается и с современным латышским Тукумс (*нем. Tuckum*).

2.2.3. Во время Третьего крестового похода в Святой земле (*1189–1191*) при осаде крестоносцами стратегически важного средиземноморского порта Акра, где заметную роль сыграл фризский флот, бременские купцы организовали и финансировали содержание полевого госпиталя. Это было своего рода выражение благодарности предводителю немецких рыцарей, императору Священной Римской империи Фридриху I Барбароссе (*Friedrich I Rotbart; 1122–1190*), который в 1186 году выдал Бремену Гельнхаузенскую привилегию (*Gelnhauser Privileg*), гарантировавшую горожанам гражданские свободы. Было также закреплено право, по которому беглые крепостные, прожившие за городскими стенами Бремена один год плюс один день, становились свободными: «*Городской воздух делает свободным*» (*Stadtluft macht frei*). С этого момента Бремен стал самостоятельной политической единицей в составе Империи. Гельнхаузенская привилегия также определила, что исполнительная власть в городе отныне принадлежала гражданам, согласовывавшим порядок самоуправления без каких-либо посредников непосредственно с самим императором. Архиепископы Бремена и Гамбурга (*Erzbischöfe von Hamburg-Bremen*), резиденция которых находилась в Бремене, утрачивали тем самым свою власть над городом.

2.2.4. Свободные граждане Бремена и соседствующие с ним самоуправляемые общины штедингов[11], следовавшие примеру свободных фризов, щедро финансировали вновь основанный госпиталь, который в память о более раннем госпитале немецких рыцарей в Иерусалиме был назван «Братством Немецкого дома Пресвятой девы Марии» (*Orden der Brüder vom Deutschen Haus Sankt Mariens in Jerusalem*). Со временем закрепились и краткие названия лечебно-благотворительного учреждения, на латинском – *Ordo Teutonicus «Тевтонский орден»*, на немецком – *Deutscher Orden «Немецкий орден»*. Образовавшееся братство также помогало христианским паломникам во время их путешествия к святыням Палестины, снабжало их провиантом, давало кров, защищало от набегов, становившихся всё более агрессивными, турецких кочевников, к тому времени захвативших и «переваривших» подавляющую часть христианской Анатолии. Члены ордена были обязаны давать обет не иметь имущество, не вступать в брак, вести целомудренный образ жизни, т. е. соблюдать скромность в отношениях, во взглядах, речи и одежде. В соответствии с обязанностями, в орденском братстве выделялись рыцари (*Ritterbrüder*), священнослужители (*Priesterbrüder*), сержанты (*Sariantbrüder*) и «слуги-полубратья» (*Dienende Halbbrüder*).

2.2.4.1. Первоначально орденским рыцарем мог стать любой, уже до того посвящённый в рыцари, воин, если он приносил клятву верности и его гарантом выступал уважаемый член ордена. Основу рыцарства Немецкого ордена составляли министериалы (*лат. ministeriales от лат. ministerium ,служба, должность'*) – нетитулованные легковооружённые рыцари, нёсшие не только военную, но также придворную, административную и хозяйственную службу. Со второй половины XV века в орденские рыцари стали приниматься преимущественно дворяне, что сузило социальную базу Немецкого ордена, но позволило сохранить преемственность традиций, основой которых являлось безупречное исполнение взятых на себя обязательств перед Орденом, позже – государством и обществом, т. е. служение долгу, иначе говоря – орденская честь.

2.2.4.2. Помимо отправления церковных обрядов, в обязанности орденских священников входило ведение летописи Ордена и прочие канцелярские обязанности. Именно священнослужители Немецкого ордена первыми среди католических орденов стали проводить богослужения на языках и наречиях, понятных местному населению, они активно содействовали распространению не только духовной, но и светской образованности, в том числе и среди других народов. Идеалы ордена разделялись широкими слоями общества и, в первую очередь, населением немецкоговорящих стран Священной Римской империи. Распространяя духовные и светские знания, поведенческие нормы, Немецкий орден на протяжении столетий способствовал консолидации и единению немецкой нации, в особенности перед лицом не прекращавшейся агрессии турецкой Османской империи, стремившейся превратить Европу в свою покорную колонию.

2.2.5. С самого начала своего существования Немецкий орден опирался на поддержку римских пап и императоров Священной Римской империи. Резиденция императора Фридриха II Штауфена (*Friedrich II von Staufen; 1194–1250*) находилась на Сицилии, которая формально была самостоятельным государством, но Фридрих II являлся одновременно и её королём. В 1215 году Фридрих II поклялся римскому папе Иннокентию III (*Innocentius PP. III; 1161–1216*) начать новый крестовый поход в Святую Землю. Для его подготовки – устройства приютов и больниц по пути предполагаемого следования крестоносцев и паломников – был привлечён Немецкий орден. Так появились его представительства на Сицилии, в Италии, Греции и немецких государствах к северу от Альп.

2.2.6. В 1211 году король Венгрии Андраш II (*II. András; 1175–1235*) – отец святой Елизаветы Тюрингской (*St. Elisabeth von Thüringen; 1207–1231*), которая олицетворяется с образом «Матери Германии», – пригласил тогда ещё малоизвестный, в сравнении с теми же ионнитами, францисканцами или темплиерами, Немецкий орден для совместной борьбы против тюркских половцев. Однако у 4-го верховного управляющего[12] Немецкого ордена Германа фон Зальца (*Hermann von Salza; 1179–1239*) были далеко идущие планы: он стремился создать компактное, самодостаточное и современное по представлениям того времени государство, управляемое бескорыстной элитой, и не зависимое, в конечном счёте, ни от всевластия римских пап, ни от воли императоров.

2.2.7. Ордену был отдан Бурценланд[13], постоянно подвергавшийся набегам половцев, где он мог чеканить собственную монету, торговать и вести судебное производство. С государства рыцарей не взимались налоги и таможенные сборы, было разрешено построить пять каменных крепостей: Мариенбург, Шварценбург, Розенау, Кройцбург и Кронштадт.

Область была заселена немецкими переселенцами из Трансильвании[14] и Немецкой Империи. Рыцари не признавали в своих владениях прав местного епископа, чем вызвали возмущение венгерской знати. Партия, которую возглавлял наследник трона Бела IV (*IV. Béla; 1206–1270*), оказала давление на короля Андраша II и добилась в 1225 году изгнания Ордена из Трансильвании. Заступничество папы Гонория III (*Honorius PP. III; 1148–1227*) оказалось безрезультатным.

2.2.8. Но в том же 1225 году Конрад I (*Konrad I Mazowiecki;1187–1247*) – князь удельного Мазовецкого княжества, которое три века спустя было аннексировано Польшей, – пригласил Немецкий орден для защиты его владений от набегов языческих пруссов[15], при этом «даровав» ордену Хелминский край[16], который ему не принадлежал. Свои экспансионистские претензии Конрад I обосновывал лишь тем, что за три года до этого было образовано Хелминское епископство, которое должно было обратить в христианскую веру местное языческое население. 6 марта 1226 года император Священной Римской Империи Фридрих II выдал Немецкому ордену разрешение на проведение активных действий по освоению Хелминского края, названное «Золотой буллой в Римини» (*Goldbulle von Rimini*). Оно было подписано и скреплено золотой печатью в итальянском городе Римини. «Золотая булла» являлась своего рода гарантией дальнейшей свободы действий Немецкого ордена, извлёкшего уроки из неудачи в Венгрии.

2.2.8.1. К северо-востоку от Хелминского края, в Прибалтике, в содружестве с псковичами[17] и новгородцами[18], к этому времени уже развернул активные действия Орден меченосцев[19]. Союзников объединяло стремление обезопасить свои территории от непредсказуемых набегов языческих племён. 12 мая 1237 года, после дипломатических усилий Германа фон Зальца, папа Григорий IX (*Gregorius PP. IX; 1145–1241*) совершил обряд присоединения Ордена меченосцев к Немецкому ордену. Часть Немецкого ордена на землях бывшего Ордена меченосцев, по имени прибалтийского народа ливов, стало называться Ливонским наместничеством Немецкого ордена[20].

2.2.9. Успешное освоение новых территорий объяснялось и тем, что большинство этносов[21] региона видело в Немецком ордене и своеобразную защиту от польской экспансии. В Хелминском крае к моменту прихода Немецкого ордена, возможно, проживало и достаточное количество германоязычных этносов – потомков готов[22], кимвров[23], швабов (свевов)[24], гепидов[25], ругов[26], а также вандалов, бургундов, лугиев, ареал распространения которых в I тысячелетии соответствовал Пшеворской культуре[27]. Это, несомненно, облегчало взаимную интеграцию.

2.2.10. Территории к северу от Хелминского края, непосредственно примыкавшие к Фризскому заливу, по традиции, восходящей скорее всего к сочинению «*Руководство по географии*» древнегреческого географа Клавдия Птолемея (*греч. Κλαύδιος Πτολεμαῖος, лат. Ptolemaeus; ок. 100 – ок.170*), обобщённо назывались «прусскими»[28]. Довольно скоро «Пруссия» (*лат. Borussia, нем. Preußen*) стала ассоциироваться со всеми прибалтийскими территориями Немецкого ордена, не входящими в Ливонское наместничество, которое в память о госпитале немецких рыцарей в Иерусалиме (*Братство Немецкого дома Пресвятой девы Марии*), в церковных документах официально называлось ещё и «Уделом Богородицы» / «Землёй девы Марии» (*лат. Terra Mariana*).

2.2.10.1. Частью Ливонии считалась Курляндия (*Kurland*), названная по имени племени куршей, которые одними из первых приняли христианство (*1230*) и активно участвовали в его распространении среди других племён региона.

2.2.11. Издревле на побережье Фризского залива собирался янтарь, и здесь начинался путь, по которому он доставлялся из Прибалтики в Средиземноморье. Изделия из балтийского янтаря были найдены в гробнице фараона Древнего Египта Тутанхамона, правившего в 1332–1323 годах до н. э.

2.2.11.1. Стратегически важное расположение этого региона для мировой торговли «Север – Юг», «Восток – Запад», его богатства, к которым помимо янтаря и рыбы, следует причислить и известные с древности соляные предприятия фризов (*«friesisches Salz»*), притягивали предприимчивых людей. Без соли, добываемой из солесодержащего торфа или морской воды, невозможен был и экспорт рыбы. Не случайно нынешний Калининградский залив назывался Фризским. Здесь были идеальные условия для производства соли: неглубокое море у пологого побережья, удобное для устройства соляных прудов, и, казалось, бесконечные лесные массивы, необходимые для дальнейшего выпаривания соляной рапы.

2.2.11.2. Но по древним торговым путям распространялись не только товары, знания и происходил культурный обмен. Часты были и привнесённые эпидемии, почти поголовно выкашивавшие население этого края. Население было пёстрым по своему этническому составу: здесь соседствовали балтийские, германские, финноугорские народы, позже здесь нашлось место и славянам.

2.2.12. В новые земли Немецкого ордена прибывали рыцари из разных пределов Священной Римской империи, которую с конца XV века, в соответствии с устоявшейся официальной традицией, правильнее было бы ещё назвать и «немецкой» (*Heiliges Römisches Reich Deutscher Nation; лат. Nationis Germanicæ*). Орден остро нуждался в увеличении работоспособного населения. В XII–XIII веках, благодаря средневековому климатическому оптимуму[29], в Европе значительно расширились земледельческие угодья, что дало стимул к росту населения. Но это автоматически не повлекло за собой миграцию земледельцев на более свободные территории. Подавляющее большинство крестьян находилось в крепостной зависимости и не могло без разрешения господ свободно перемещаться.

2.2.12.1. Одним из небольших исключений являлись свободолюбивые фризские штединги[30], которые, уцелев после поражения в организованном против них крестовом походе[31], вынуждены были выбирать между смертельно опасной «птичьей свободой» (*Vogelfreiheit*)[32] и возможностью начать новую жизнь на Востоке под покровительством Немецкого ордена. Осваиваемые на Востоке земли были в XIII веке своего рода «Новым Светом», где не спрашивали о происхождении. Нужны были просто умелые земледельцы, ремесленники, предприниматели. Болотистая прибрежная местность нуждалась в осушении, мелиорации, необходимо было грамотное строительство дамб для защиты от морской стихии. Этот было как раз то, чем славились фризы, научившиеся умело отвоёвывать сушу у моря.

2.2.13. С XIII по начало XVI века Немецкий орден состоял из трёх культурно и экономически тесно взаимосвязанных частей: Ливонского наместничества с Курляндией, Пруссии, площадью около 180.000 км^2, и разбросанных по всей территории Немецкой империи и части Средиземноморья многочисленных владений. Это были поместья, госпитали, опекаемые орденом церкви (*Kirchenpatronat*) и комтурства (*Kommende*) – территориальные опорные пункты ордена, состоявшие из замков и непосредственно прилегающих к ним территорий.

2.2.13.1. Во главе Немецкого ордена стоял верховный управляющий (*Hochmeister*). Территории и владения вне Государства Немецкого ордена, находившиеся, в большинстве своём, в пределах Немецкой империи, были в ведении земельного управляющего по Германии (*Deutschmeister*), в Пруссии орденским владениям предстоял земельный управляющий в Пруссии (*Landmeister von Preußen*), в Ливонии – земельный управляющий в Ливонии (*Landmeister in Livland*). Нередко случалось взаимодополнение и совмещение должностей, их значимость определялась историческими обстоятельствами и волевыми качествами конкретного руководителя.

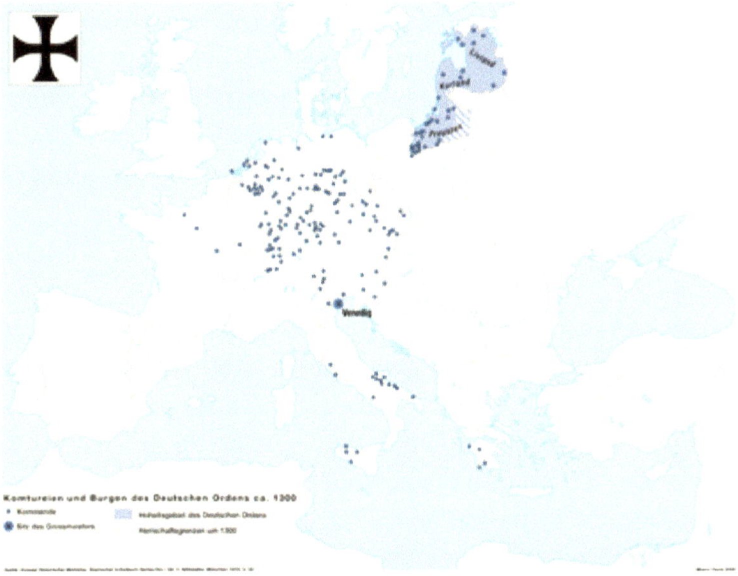

VII

Немецкий орден ок. 1300

Ливонское наместничество с Курляндией и Пруссия образовывали Государство Немецкого ордена:

VIII

2.2.13.2. Без сомнения, самым выдающимся руководителем Немецкого ордена был верховный управляющий Герман фон Зальца (*Hermann von Salza; 1179–1239*). Его планы на местах реализовывал рыцарь Герман фон Балк (*Hermann von Balk; ?–1239*), который вначале (*1219–1230*) был земельным управляющим ордена по Германии, а затем (*1229–1239*) – земельным управляющим в Пруссии. Кроме этого, в течение года (*1237–1238*) он исполнял обязанности земельного управляющего в Ливонии. Герман фон Балк основал замки Мариенвердер (*Marienwerder*), Кульм (*Culm*), Эльбинг (*Elbing*), Торн (*Thorn*), вокруг которых со временем возникли города, быстро ставшие культурными и экономическими центрами осваиваемых Орденом территорий.

2.2.14. После того, как в 1291 году войска египетских мамлюков под предводительством султана Аль-Ашраф Халиля (*1262–1293*) заняли штурмом последний христианский оплот в Святой земле – крепость Акру, резиденция верховного управляющего Немецкого ордена переместилась в Венецию, с 1309 года она располагалась в прусском Мариенбурге (*Marienburg*), затем (*с 1466 года*) – в Кёнигсберге. Поскольку столица Ордена фактически переместилась в Пруссию, глава Немецкого ордена стал после 1324 года исполнять и обязанности её земельного управляющего. Ливонская же часть Немецкого ордена сохранила свою автономию.

2.2.14.1. Под руководством верховного управляющего Винриха фон Книпроде (*Winrich von Kniprode; ок.1310–1382, управляющий с 1351 года*), Немецкий орден достиг своего наивысшего расцвета. Книпроде уделял большое внимание освоению малозаселённых районов земель, занимался поощрением развития сельского хозяйства, ремесла и торговли. Был активным сторонником ротации руководящих кадров Ордена, навёл порядок в финансах, выступал за развитие светскости, боролся с коррупцией. Верховный управляющий принимал меры для укрепления дисциплины в Ордене, ввёл более строгую одежду; поощрял развитие образования: в городах открывались начальные школы, а в Мариенбурге было создано высшее учебное заведение для членов Ордена.

2.3. Реальная экономика Немецкого ордена

2.3.1. *«Духовная республика, граничащая с феодальными монархиями; во главе которой – избранный верховный управляющий, поддерживаемый советом, как сегодня президент или премьер-министр своим советом министров. Страна поделена на двадцать округов, которым предстоят комтуры с собственными советами, они исполняют указания верховного управляющего... Нет крепостников, как в других государствах. Правила Ордена запрещают владение личной собственностью, все неженаты, обет ордена предписывает целомудрие. Пополнение прибывает из (Немецкой) империи, где его набором занимается земельный управляющий ордена по Германии, впрочем, без особых усилий... Это государство формирует свой народ – народ переселенцев, которых по прибытии встречает их же государство с уже установившимся порядком и выделенной им землёй – практически без усилий отвоёванной; плодородный край неограниченных возможностей для трудолюбивых. И эти переселенцы действительно трудолюбивы. Пруссия в XIV веке будет богатой, гораздо богаче других немецких колоний, с растущими городами, как например Данциг и Кёнигсберг, с хозяйственной аристократией и во много раз более свободными и зажиточными крестьянами, чем в окружающих их феодальных странах. Счастливая страна!»*[IX]

«Не ввязываясь в авантюрные войны, рыцари Ордена планомерно реализовывают свои планы: строят крепости и города, твёрдо обосновываются на земле и, тем самым, создают новые реалии... Как жемчужины ожерелья возникают новые города Ордена в прусской земле.»[X]

2.3.2. Главным фактором экономического могущества Немецкого ордена было взаимовыгодное стратегическое партнёрство с Немецкой Ганзой (*Deutsche Hanse/Hansa*) – торговым союзом северо-немецких городов. Ганзейская торговля ориентировалась на вновь построенные города Ордена, являвшиеся важными опорными пунктами с соответствующей инфраструктурой. Это, в свою очередь, способствовало и развитию самих орденских городов, увеличивало занятость и благосостояние горожан.

XI

Немецкий орден и Немецкая Ганза ок. 1400

2.3.3. На землях в дельте Вислы, осушённых с помощью фризских переселенцев, возникли сотни новых деревень, построены мосты и сооружены каналы. В соответствии с прогрессивным «Аграрным уложением Немецкого ордена» (*Agrarverfassung des Deutschordensstaates*), давшим мощный стимул для хозяйственного и духовного развития коренного населения, помимо прочего, упорядочивались и общественные отношения на осваиваемых территориях.

2.3.3.1. Сословие «мелкопоместных свободных землевладельцев» (*Kleine Freie*), как правило, формировалось из коренного населения, поддерживающего начинания Немецкого ордена. Эти земледельцы освобождались от податей и налогов, но в случае военных конфликтов призывались в ополчение как легковооружённые всадники. Крепостные крестьяне могли за плату получить статус мелкопоместных свободных землевладельцев. Типичным для этого сословия был хуторской образ ведения сельского хозяйства.

2.3.3.2. «Крупнопоместные свободные землевладельцы» (*Große Freie*) рекрутировались как из приезжих немецких крестьян, так и из зажиточных прусских и польских собственников. На военную службу они призывались как тяжеловооружённые всадники. Их статус был фактически равен правовому и имущественному положению помещиков (*Grundherren*), уклад жизни во многом соответствовал дворянскому, и из них со временем сформировалась производительная прусская земельная аристократия[XII].

2.3.4. К 1350 году Государство Немецкого ордена превратилось в ведущего европейского экспортёра зерна и древесины. Дополнительный доход Орден получал от монопольной торговли янтарём. Утаивание янтаря и недозволенная торговля им карались смертной казнью.

2.3.5. Отсутствие подушного налогообложения и необременительные налоги с производства и торговли, привязанные к фактическому доходу, стимулировали хозяйственную и деловую активность в Государстве Немецкого ордена. В малоурожайные годы крестьяне освобождалось от сборов; испытывавшие затруднения производители и предприниматели поддерживались государством.

2.3.6. Экономический и политический союз «*Немецкий Орден – Немецкая Ганза*» регулировал хозяйственные отношения на принадлежавших ему или входивших в сферу его влияния территориях. Внутренний протекционизм Ордена и Ганзы дополнялся гибкостью во внешней политике, стремлением к установлению взаимовыгодных отношений с соседями.

Авторитет верховного управляющего Немецкого ордена был высок. Такие выдающиеся личности как Герман фон Зальца и Винрих фон Книпроде справедливо воспринимались иностранцами и как руководители Немецкой Ганзы.

2.3.7. Но был ещё один авторитет, от решений которого зависело многое. Если с 1309 по 1465 годы столицей Немецкого ордена был Мариенбург, то фактическим центром немецкого Ганзейского союза, в состав которого в разное время входило до 200 городов, был вольный имперский[33] город Любек (*Lübeck*). 2 сентября 1379 года именитые представители высшего сословия города, родовые корни которых были в Вестфалии[XIII], образовали «Общество святой Троицы в Любеке». Циркуль, изображённый в качестве символа святой Троицы на знаке общества, символизировал стремление членов общества распространять знания и образование. За организацией сразу же закрепилось название «Общество циркуля» (*Zirkelgesellschaft*). Декларации членов общества не расходились с практическими делами, они, в общем-то, следовали сложившимся в ганзейском городе культурным традициям. Ещё в XIII веке в Любеке была открыта латинская школа, а в XIV здесь уже процветал крупнейший в Европе книжный рынок. Свои взгляды Общество циркуля пропагандировало и устраивая театрализованные представления на традиционных «масленичных действах» (*Fastnachtspiel*). Если в других городах это были сценки, пересыпанные грубыми шутками, в которых в комическом виде воспроизводились различные происшествия из обыденной жизни, то в любекских масленичных действах, которые спонсировало «Общество циркуля», публике, наряду с библейскими историями, предлагались пьесы по мотивам классических произведений античности или германского эпоса: сказания о троянской войне, Александре Македонском, короле Артуре и т. д. Будучи элитарным клубом влиятельных представителей талассократии[34], клуб оказывал влияние на формирование и принятие решений в Немецкой Ганзе и Немецком ордене. В 1485 году император Фридрих III (*Friedrich III; 1415–1493*) разрешил членам Общества носить его знак на золотой цепи, тем самым бюргерская знать Немецкой Ганзы была приравнена к родовой аристократии Немецкой империи и рыцарям Немецкого ордена. Традиции Общества циркуля повлияли на формирование общественных отношений в землях Немецкого ордена, а позже и в Российской империи.

2.3.8. Орден энергично боролся со спекулятивным ростовщичеством. В то время, как в других странах кредиты выдавались более, чем под 12%, Орден издал указ о снижении ссудных ставок до 8,3%. Территория Ордена, в отличие от соседней Польши, была малопривлекательна для банкиров и менял. Нарождавшиеся в это же время европейские банки гарантировали свою финансовую состоятельность находившимися в их распоряжении драгоценными металлами или долговыми расписками (векселями), подтверждавшими их действительное или мнимое богатство. Банковским делом занимались преимущественно итальянцы и евреи, которые переняли принятую на Востоке финансово-расчётную систему на основе взаимозачётов требований и обязательств. В Османской империи её усовершенствовали банкиры-сефарды[35], начавшие развивать свою сеть в Европе практически одновременно со становлением Немецкого ордена. Банковскому термину «*аваль*» – «*поручительство по векселю или чеку*» – соответствует «*хавила*» на иврите. От этого же слова образовано и разговорное русское слово «*халява*» – «задарма».

2.3.8.1. В отличие от банков, стратегическое экономическое партнёрство «Немецкий орден – Немецкая Ганза» гарантировало свои обязательства имуществом (недвижимостью) ганзейских и орденских городов, но прежде всего – безупречной хозяйственной деятельностью, деловой порядочностью. Это были два принципиально различных подхода к развитию государственных экономик, и конфликт этих двух моделей развития общества был вполне предсказуем.

Несколько столетий спустя апологетом привязанной к золоту модели развития экономик выступит Карл Маркс (1818–1883), настойчиво лоббировавший в своём труде «Капитал» тезис о том, что только золото может быть истинными деньгами: «золото (или серебро) – деньги»[XIV]. *Хотя, надо отдать ему должное, он сам привёл веские доводы, что это далеко не всегда так: «... почему индийские товары так дёшевы? Ответ: потому что индийцы зарывают свои деньги. С 1602 по 1734 г. ... они зарыли на 150 млн. ф. ст. серебра, которое было первоначально привезено из Америки в Европу. С 1856 по 1866 г., т. е. за одно десятилетие, Англия вывезла в Индию и Китай (металл, экспортированный в Китай, в значительной своей части направляется опять-таки в Индию) на 120 млн. ф. ст. серебра, которое раньше было выменено на австралийское золото.»*[XV] *Эта верная констатация фактов требует пояснения. За серебро в Китае покупался чай и другие экзотические товары, ставшие в XVIII–XIX вв. повседневными атрибутами английского быта. Китайцы тратили вырученные деньги на покупку опиума, который выращивался в Индии. Наркобизнес контролировала семья сефарда Давида Сассуна (David Sassoon; 1793–1864), по воле которого были развязаны опиумные войны*[36]*, в бесчеловечности ведения которых были в конечном счёте обвинены немцы и русские*[37]*. Давид Сассун получил британское гражданство. Его сын Абдула Сассун (Sir Albert Abdullah David Sassoon, 1st Baronet*[38]*, KCB*[39]*, CSI*[40]*, 1818–1896) продолжил дело отца. Сын Абдулы и внук Давида Сассуна, Эдуард Сассун (Edward Albert Sassoon; 1856–1912) женился на Алине Ротшильд (Aline Caroline de Rothschild; 1865–1909). Семья Сассунов породнилась с династией банкиров Ротшильдов... Деньги были не «зарыты» в Индии «индийцами». Они превратились в банковский капитал, составивший и основу Федеральной резервной системы США – частной банковской системы, выполнявшей функции центрального банка Соединённых Штатов Америки.*

2.3.9. Важнейшей составляющей экономики Государства Немецкого ордена была денежно-финансовая система, не привязанная к распространявшейся в то время в Европе системе банковско-ростовщических отношений. Согласно «*Золотой булле в Римини*», подписанной 6 марта 1226 года императором Священной Римской Империи Фридрихом II, Немецкий орден мог чеканить собственную монету для ведения хозяйственной деятельности на осваиваемых им территориях. Однако Ордену потребовалось время, чтобы осмотреться на месте и принять верное решение о необходимости введения собственных денежных знаков. Наибольшим доверием у населения империи в конце XII века пользовался кёльнский пфенниг, который до XIII века изготавливался из высококачественного серебра и весил до 2 г. Название монеты, возможно, было образовано от фризского *panding* ‚вес, залог', в свою очередь происходящего от латинского *pondus* ‚вес'. За два пфеннига в первой половине XIV века можно было купить курицу.[XVI]

2.3.9.1. На основе предоставленного ещё императором Оттоном I Великим (*Otto I der Große; 912–973*) городу Бардовик (*Bardowick*)[41] права на чеканку монет, его владетель – герцог Саксонии и Баварии Генрих Лев (*Heinrich der Löwe; 1129–1195*) – начал выпускать аналогичные кёльнскому пфеннигу монеты, которые стали называться агриппинами, по латинскому названию Кёльна (*Colonia Claudia Ara Agrippinensium*). Агриппины ходили в северо-восточных провинциях Империи (*Мекленбурге, Померании*) и в Польше. Первоначально они стали денежным средством и на новых территориях Ордена. Но чем дальше продвигался Орден на Восток, тем более «тяжеловесным» становился агриппин: на одну денежную единицу можно было купить больше товара, в особенности при повседневных взаиморасчётах с местным населением. Поэтому при мелких приобретениях практиковался простой обмен.

2.3.9.2. Постановлением от 28 декабря 1233 года о регулировании денежного оборота верховный управляющий Немецкого ордена Герман фон Зальца директивно ввёл в обращение более мелкие монеты. Основной денежной единицей стал официально считаться кёльнский пфенниг (*агриппин*), которому соответствовали пять орденских пфеннигов (*Ordenspfennig*). Одновременно Герман фон Зальца издал указ о запрещении хождения в пределах Ордена других денежных знаков или их суррогатов[42]. Таким образом, Немецкий орден стал крупнейшей территорией Европы с унифицированной и регулируемой его руководством системой денежного обращения. Первые монетные дворы появились в Торне (*Thorn*) и Хелме (*Culm/Kulm*), в 1246 году – в Эльбинге (*Elbing*), затем – в Данциге (*Danzig*), Мариенбурге (*Marienburg*) и Кёнигсберге (*Königsberg*).

2.3.9.3. Немецкий орден в партнёрстве с Немецкой Ганзой стал со временем главным поставщиком зерна и леса в Англию. С целью унифицирования взаиморасчётов с зарубежными покупателями 9 февраля 1379 года ганзейские города Любек (*Lübeck*), Гамбург (*Hamburg*), Висмар (*Wismar*), Люнебург (*Lüneburg*) образовали Вендский монетный союз (*Wendischer Münzverein*), к которому вскоре присоединились и другие города. Союз начал чеканить новую монету – витте (*Witte, Witten, Wittenpfennig*). Одновременно верховный управляющий Немецкого ордена Винрих фон Книпроде издал распоряжение о выпуске орденского шиллинга (*Schilling*), который равнялся 12 пфеннигам. Витте и шиллинг имели такое же содержание серебра и покупательную способность, как и английский стерлинг (*sterling*), само название которого явно указывало на взаимосвязь с денежной системой Немецкой Ганзы – Немецкого ордена; на средневековом английском: easterling (ср. совр. англ. *east ‚восток'*) – так же называли и ганзейских купцов, имевших одну из четырёх своих контор – (*Kontor/Contor*), *Stalhof* ‚стальной двор'[43] – в Лондоне.

Другие три находились в Брюгге (Brügge, сейчас город в Бельгии), Tyskebryggen – «немецкая пристань» в норвежском Бергене (Bergen) и Peterhof – «двор святого Петра» в Новгороде.

2.3.10. Помимо Новгорода, интересы Ганзы и Ордена были представлены во всех крупнейших торговых центрах Восточной Европы: Нарве, Пскове, Твери, Москве. В том была заинтересованность и восточноевропейских государств[44], денежное хозяйство которых опиралось на внутренние ресурсы и эквиваленты обмена. Базовыми денежными единицами были серебряные или золотые гривны – продолговатые слитки драгоценных металлов, весившие от 100 до 204 граммов («*Новгородская серебряная гривна*»). Золотые гривны были в несколько раз дороже. Основным средством «разукрупнения» гривен долгое время служили не серебряные монеты, поскольку месторождения серебра были открыты в России лишь в конце XV века, а шкурки куницы. Название зверька стало нарицательным для разменных монет, ходивших в Северной и Восточной Европе: *куна, cona* (старофризский), *coin* (английский).

2.3.10.1. После общеевропейской валютно-финансовой реформы 1379 года очевидным может представляться и стремление восточноевропейских государств присоединиться к Вендскому монетному союзу, что, однако, противоречило интересам банковской системы, извлекавшей сверхприбыль, в том числе, и из кредитования работорговли.

2.3.10.2. Ведущими работорговцами в XIV веке были генуэзцы. Их фактории на черноморском побережье являлись перевалочными пунктами, откуда рабы доставлялись на главный невольничий рынок на острове Хиос в Эгейском море, в непосредственной близости от турецких владений. Кроме прочих, финансовое обеспечение гешефтов осуществляли три банка, располагавшиеся в портовом городе Килия, в устье Дуная[XVII].

2.3.11. К концу XIV века в государствах Восточной Европы, находившихся в сфере влияния Золотой Орды, установилась, как и в Государстве Немецкого ордена, централизованная система управления, введённая китайскими чиновниками, которая исключала банковское ростовщичество. Вырисовывалась перспектива создания единого евразийского валютного союза Англии, Государства Немецкого ордена, восточноевропейских государств и Золотой орды, который простирался бы от Лондона до Пекина. Одним из кульминационных моментов этого противостояния могла быть и во многом загадочная Куликовская битва[45], в которой генуэзцы в союзе с узурпатором золотоордынской власти Мамаем[46] и литовским князем Ягайло[47], поддерживаемым Ордой, выступили против возвышающегося Московского княжества[48].

После поражения в Куликовской битве Мамай был умерщвлён в Крыму раздосадованными генуэзцами, а Ягайло – свергнут с престола своим дядей Кейстутом, проводившим политический курс на сближение с Москвой на антиордынской основе.[XVIII] Однако, в 1382 году Ягайло при поддержке Орды был снова водворён на литовский престол.[XIX] Кейстут был задушен, а его жена Бирута утоплена.
Их сыну Витовту была уготована подобная же участь, но ему удалось убежать из-под стражи, переодевшись в женское платье.

2.3.12. В 1392 году был заключён договор о сотрудничестве между союзом «Немецкая Ганза – Немецкий орден» и Новгородской республикой. Бургомистр Любека Иван Нибур (*Johann Niebur; ?–1399*), состоявший членом «Общества циркуля», в подтверждение взятых на себя обязательств трижды поцеловал крест по православному обычаю. Этот договор о стратегическом партнёрстве, на многие десятилетия ставший юридической основой для последующих договоров, получил в истории название «Целование креста Нибуром» (*Kreuzküssung Nieburs*).

2.3.13. С введением в денежный оборот равноценных виттена, орденского шиллинга и английского стерлинга создалось единое общеевропейское денежное пространство, до сих пор непревзойдённое по своему разумному совершенству. Для международных расчётов были введены базовые региональные (национальные) и одновременно равноценные валюты, которые, в зависимости от конкретных условий на местах, при необходимости могли «разукрупняться» путём выпуска более мелких монет или денежных знаков. Но у нового единого валютного пространства был существенный «недостаток»: в нём не было места валютным спекуляциям и безудержному ростовщичеству, без чего не могли существовать появившиеся в Европе банки, поскольку спекулировать было просто нечем и незачем: государственно узаконенные базовые денежные единицы при любых условиях были равноценны. Новая система денежных отношений была настолько привлекательна, что европейцы тотчас же начали отказываться от услуг менял, ростовщиков и банкиров. В 1401 году король Арагона[49] Мартин I (*Martín I de Aragón: 1356–1410*) выгнал банкиров из своих владений. В 1403 король Англии Генрих IV (*Henry IV; 1366–1413*) запретил банкирам получать какую-либо прибыль в своём королевстве. В 1410 году итальянские банковские спекулянты были изгнаны из Парижа.

2.3.14. Но в Польше во второй половине XIV века частный ростовщический капитал стал основным стимулом развития внутрихозяйственной деятельности. Тому способствовал и тот факт, что большую деловую активность в стране проявляли евреи, участие которых в производительных секторах экономики, как, например, в сельском хозяйстве, ограничивалось законодательно. Их энергия естественным образом устремилась в область финансов, тем более, что занятие ростовщичеством христианами осуждалось католической церковью. Расцвету ростовщичества способствовали и привилегии, предоставленные евреям королём Польши Казимиром III Великим (*Kazimierz III Wielki; 1310–1370*) в 1334 году, и расширенные его же указами 1336 и 1367 гг. Накопление денежных капиталов путём обращения всех ресурсов государства в меновую стоимость и вовлечения их в коммерческий оборот никогда и нигде не вело к добру. Напротив, там, где особенно широко распространялась спекулятивная коммерция, связанная с ростовщическим кредитом, все виды традиционного производства приходили в упадок. К. Маркс констатировал:

“Ростовщичество не изменяет способа производства, но присасывается к нему как паразит и доводит его до жалкого состояния. Оно высасывает его, истощает и приводит к тому, что воспроизводство совершается при всё более скверных условиях. Отсюда народная ненависть к ростовщикам”.[XX]

2.3.14.1. Особенно прибыльной для ростовщиков была и есть ипотека, связанная с выдачей ростовщических ссуд под заклад имущества и (или) земли. Увеличение ростовщического капитала напрямую зависело (и зависит) от новых имущественных или территориальных приобретений. Производительная же экономика, экспортирующая реальные товары и услуги, способствует развитию конкретных территорий и государств. Иначе говоря, развитая государственная экономика, направленная на рост благосостояния населения, не стимулирует развитие экспансионистских, захватнических тенденций в обществе. Тезис о том, что войны ведутся ради непосредственного захвата рынков сбыта, может быть правомерен, вероятно, лишь для схем сбыта наркотиков. Вплоть до XIX века ни одна из крупных войн не приводила в итоге к увеличению рынков сбыта товаров и услуг победившей стороны.

2.3.14.2. К концу XIV столетия реальная экономика Немецкого ордена вступила в противоречие с банковско-ростовщическим капиталом.

2.4. Создание коалиции против Немецкого ордена

2.4.1. В сокрушении экономического могущества Немецкого ордена была объективно заинтересована Османская империя, к середине XIV века практически вытеснившая Византийскую империю из Передней Азии и планомерно отвоёвывавшая территории теперь уже у европейских христианских государств. Стратегической целью турецкого «натиска на Запад» была Сербия с её серебряными рудниками, дававшими до половины всего европейского серебра[50], необходимого для чеканки монет. Высокому уровню производства способствовало и то, что на рудниках трудились немецкие мастеровые.

2.4.1.1. 26 сентября 1371 года в Битве на реке Марице сербы понесли первое серьёзное поражение от турок и вынуждены были платить дань. Началось османское завоевание государств Балканского полуострова; сербские, греческие и болгарские властители становились вассалами турецкого султана.

2.4.1.2. Турецкий султан Мурад I (*1326–1389*) после длительной осады в 1381 году (*по другим источникам – в 1382 или 1385*) захватил Софию.

XXI

2.4.2. Но сами турки не могли непосредственно угрожать могущественному союзу «*Немецкий орден – Немецкая Ганза*», опиравшемуся и на поддержку Немецкой империи. С ним граничили постоянно враждовавшие между собой католическое польское королевство и во много раз превосходившее его по территории языческое Великое княжество Литовское, стремившееся расширить свои пределы от Балтийского до Чёрного морей. Поодиночке они были не в состоянии одолеть немецких рыцарей, в чём, однако, и не было необходимости.

2.4.2.1. Калишский мир урегулировал территориальные споры между Немецким орденом и Польшей. 8 июля 1343 года, при посредничестве папы Климента VI (*Clement VI; 1291– 6 декабря 1352*), его подписали верховный управляющий Ордена Лудольф Кёниг фон Ватзау (*Ludolf König von Wattzau; 1280–1348*) и король Польши Казимир III.

2.4.2.2. Сложнее складывались отношения с Литвой, которую немецкие и польские миссионеры пытались христианизировать. Но Орден старался занимать нейтральную позицию в борьбе между Витовтом и Ягайло за власть в Литве, по крайней мере, надеясь на нейтралитет обеих стран. Хотя и был более склонен поддерживать Витовта, поощряя того к принятию христианства, что тот сделал трижды: первый раз в 1382 году по католическому обряду под именем Виганд, второй раз в 1384 году по православному обряду под именем Александр и третий раз в 1386 году по католическому обряду также под именем Александр.

2.4.2.3. На юге Польша и Литва граничили с Венгрией, к пределам которой уже вплотную подошли турки. 16 июля 1342 года королём Венгрии стал Людовик I (*1326–1382*), прозванный Великим. Он расширил владения своего государства от Адриатики до Чёрного моря и до рубежей Немецкого ордена на севере, а также успешно противостоял агрессии турок. В ознаменование его побед была воздвигнута Венгерская капелла (*Ungarnkapelle/ Ungarische Kapelle*) в Кафедральном соборе столицы Немецкой империи Ахене (*Aachen*). Людовику не удалось развить в полной мере успех антитурецкой кампании, поскольку болгарский царь Шишман[51] выступил на стороне турок, надеясь их задобрить, что, однако, не спасло его от мучительной гибели от их же рук.

2.4.2.4. Дядя Людовика I Великого, польский король Казимир III Великий, не имел законных наследников по мужской линии от трёх жён. От еврейки Эстерки Малах у него были сыновья, но, в отличие от Болгарии,[52] еврейскому лобби не удалось провести своих ставленников во власть.

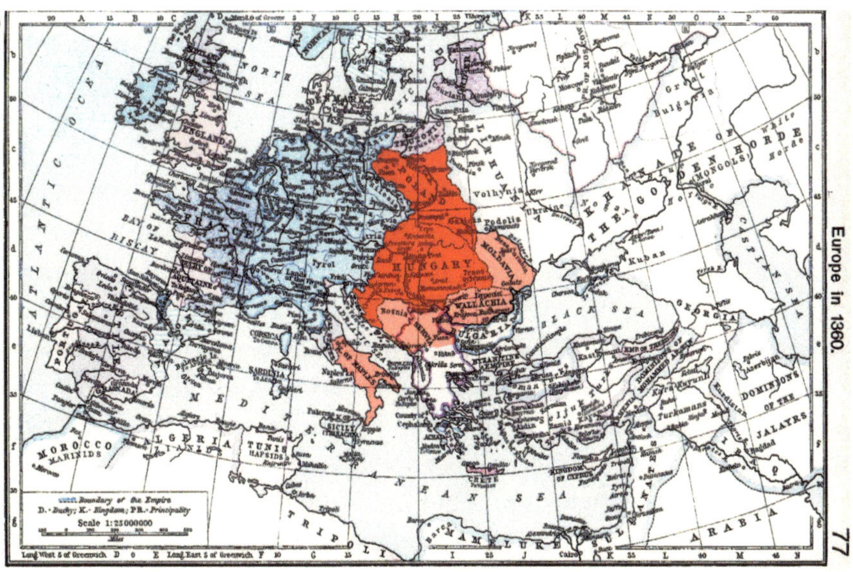

XXII

Владения Людовика I

2.4.2.5. Вероятно, тому воспротивилось и малопольское дворянство[53], солидарное с политикой Людовика. После смерти Казимира III в 1370 году Людовик I получил в наследство ещё и польскую корону. Образовалась мощная антитурецкая коалиция европейских государств, противостоящая одновременно и банковско-ростовщическому капиталу. Ещё в 1360 году Людовик I выгнал ростовщиков за пределы своих владений, конфисковав их имущество, но не допустил погромов.[XXIII]

2.4.2.6. Король много делал для улучшения жизни подданных; на местах ввёл местное самоуправление, облегчил долю крестьян, заменив работы на помещиков натуральной повинностью в количестве 1/9 крестьянского дохода с земли. Он построил крепостные сооружения для защиты городов, а в них – прекрасные здания. Людовик I покровительствовал духовенству и заботился о распространении образования; его стараниями было построено много новых школ, а в 1367 году он основал в г. Фюнфкирхен (*Fünfkirchen, сейчас – Pécs*) университет, который во время турецкой оккупации был разрушен, а в 1785 году снова восстановлен.

2.4.3. Но в Польше, где осели выдворенные в своё время Людовиком I ростовщики, отношение к нему со стороны дворянства было неоднозначное, хотя король и пошёл ему на значительные уступки. Жалованной грамотой (*привилеем, польск. Przywilej koszycki*), подписанной 17 сентября 1374 года на съезде в Кошице, шляхте (польскому воинскому сословию) предоставлялись права и привилегии, которыми ранее пользовались лишь высшие светские и духовные феодалы. В обмен на это одна из дочерей Людовика – Катарина (*Katharina;1370–1377*), Мария (*Maria; 1371–1395*) или Ядвига (*Hedwig; 1373–1399*) должна была занять польский трон после его смерти. При этом Людовик I руководствовался естественным стремлением посредством междинастических браков расширить и укрепить антитурецкую коалицию христианских держав Европы.

2.4.3.1. Катарина в 1374 году была помолвлена с Людовиком Орлеанским (*Ludwig von Frankreich; 1372–1407*), сыном французского короля Карла V (*Karl V; 1338–1380*), который вернул земли, потерянные его предшественниками, и восстановил власть над государством.

2.4.3.2. Мария была помолвлена с Сигизмундом Люксембургским (*Sigismund von Luxemburg; 1368–1437*), будущим императором Немецкой империи. Именно Мария должна была стать польской королевой после смерти отца, что привело бы к созданию мощной династической антитурецкой коалиции Франции, Венгрии, Польши и Немецкой империи. Против брака Марии с Сигизмундом и её кандидатуры как польской королевы «почему-то» резко выступила часть великопольского дворянства[54]. Но Мария всё-таки вышла замуж за Сигизмунда в 1387 году.

2.4.3.3. В качестве претендентки на польскую корону стала рассматриваться малолетняя Ядвига, помолвка которой с наследным австрийским герцогом Вильгельмом (*Wilhelm von Habsburg; 1370–1406*) тоже не устраивала антинемецкую турецко-ордынскую и ростовщическо-банковскую коалицию. Её интересы в Польше зачастую совпадали с интересами магнатов[55]. После смерти Людовика I были собраны колоссальные по тем временам средства – 200.000 золотых флоринов[56], чтобы дать взятку одному из противоборствующих в то время пап[57] и расторгнуть помолвку, или, как утверждают некоторые источники, даже уже освящённый брачный союз Ядвиги с Вильгельмом[58]. Тем самым были унижены и Габсбурги[59], которые в течение многих столетий стояли во главе Немецкой империи. Ядвига и Вильгельм любили друг друга. По преданию, девушка хотела с топором в руках разбить ворота краковского замка, чтобы убежать к жениху. Но королевский казначей Димитр из Горая (*Dymitr z Goraja; 1340–1400*), приставленный соглядатаем к Ядвиге, воспрепятствовал побегу. Магнаты назначили ей в супруги последовательного союзника Орды Ягайло, тем самым распределив роли между двумя противоборствующими литовскими князями: женившись на Ядвиге, Ягайло прибирал к рукам Польшу, а его двоюродный брат Витовт по умолчанию становился правителем Литвы. 18 февраля 1386 года произошло официальное бракосочетание Ягайло с Ядвигой. Формально женитьба не давала Ягайло право на королевский титул, ведь Ядвига короновалась в 1384 году как «польский *король*» (*Król Polski, лат. rex Poloniae*). Брак по расчёту не принёс королю-королеве личного счастья. Её жизнь превратилась в подвиг благочестия и самопожертвования[60].

2.4.4. Разрушение Немецкого ордена началось и изнутри. 24 февраля 1397 года рыцарь Николаус фон Рёнис (*Nicholas von Renys; 1360–1411*) с братом Иоганном, племянниками Фридрихом и Николаусом фон Кинтенов (*Friedrich und Nikolaus von Kynthenow*) основали тайный «Союз ящерицы» (*Eidechsenbund*), целью которого были ослабление мощи Ордена, поддержка сепаратистских устремлений провинций и присоединение выделившихся территорий, прежде всего, Хелминской земли (*Кульмерланд / Kulmerland*) к Польше. Кульмерланд был знаковой провинцией Ордена, которая до его прихода была разорена из-за постоянных войн между поляками и пруссами. Орден же обеспечил мир и превратил её в цветущий край. Потеря Кульмерланда, кроме невосполнимых экономических потерь (через него шла торговля по Висле), означала бы и серьёзный удар по престижу Ордена, до того не испытывавшего сколь-либо значительных поражений.

2.4.4.1. В 1399 году, через два года после организации «Союза ящерицы», Ядвига родила дочь, которая через месяц умерла. 17 июля 1399 года неожиданно скончалась и сама королева. После этого права Ягайла на королевский престол были узаконены советом, исполнившим волю магнатов.

2.4.5. Языческая Литва[61], несмотря на договорённости между Ягайло и Витовтом[62], хотела проводить самостоятельную политику. Вероятно, с целью укрепления финансовой независимости 24 июня 1388 года Витовт издал привилей[63] еврейской общине города Бреста с целью поощрения дальнейшего переселения евреев. Согласно этому документу, за убийство еврея полагалось такое же наказание, как и за убийство шляхтича. Евреям разрешалось свободное исполнение обрядов, а также дозволялось заниматься имущественными и залоговыми финансовыми операциями. Под залог разрешалось брать любые вещи, кроме христианской религиозной утвари и «окровавленных» (снятых с убитого) вещей. Витовт в этом документе также запрещал обвинять евреев в употреблении христианской крови. Были установлены и основы автономии еврейской общины.

2.4.5.1. Несмотря на непоследовательность внешнеполитического курса, Витовт всё же стремился сохранять добрые отношения с Немецким орденом и опирался на его поддержку, в особенности, в противостоянии с Ордой и Османской империей. В 1399 году, спровоцированный ханом Тохтамышем[64], Витовт решился, как ему казалось, на решающую битву с ордынцами. Рыцари Немецкого ордена, стремившиеся к реваншу после сокрушительного поражения христианской Европы в битве при Никополе[65], поддержали его экспедицию. Сражение произошло 12 августа 1399 года на реке Ворскле, левом притоке Днепра. Из-за предательства войска Тохтамыша, бежавшего с поля боя, Витовт с немецкими и русскими союзниками потерпел сокрушительное поражение, был ранен и с трудом спасся.

2.4.5.2. Военная неудача вынудила Витовта пойти на окончательный стратегический союз с Польшей. 18 января 1401 года на съезде в Вильне он подписал акт о своей присяге Ягайло, который, будучи верховным правителем Литвы, передавал Витовту право пожизненного владения государством и признавал его титул Великого князя литовского.

2.4.5.3. Отношения между Немецким орденом и Польско-литовским союзом[66] стали ухудшаться. Началось массовое проникновение мусульман в Литву. Татарские приходы (джамааты) формировались вокруг мечетей и возглавлялись муллами, которые, кроме религиозных, осуществляли также судебно-административные функции, вели метрики. Значительные судебные функции принадлежали кади – главному исламскому судье Великого княжества Литовского. Богослужения велись на арабском языке, а проповеди читались по-тюркски. Муллы прибывали из Орды или Крыма, многие проходили обучение в Турции.[XXIV]

2.4.6. Как предлог для нагнетания напряжённости между Польшей-Литвой и Орденом, использовался давний спор о владении Жемайтией[67], что на северо-западе современной Литвы. Свободолюбивые жемайтийцы вели постоянную борьбу за независимость и от Литвы, и от Ордена, и от Польши, не признавая католических священников, долгое время безуспешно пытавшихся их христианизировать. В 1382 году Ягайло, бывший в то время литовским князем, отказался от Жемайтии, признав права Ордена, что было впоследствии подтверждено Салинским договором 1398 года. Но в 1409 году «жемайтийский вопрос» неожиданно стал краеугольным в отношениях между Польшей-Литвой и Орденом, в мае начались «народные восстания» на подконтрольной Ордену территории Жемайтии. Литва поддержала восстание.

2.4.6.1. 6 августа 1409 года верховный управляющий Немецкого ордена Ульрих фон Юнгинген (*Ulrich von Jungingen; 1360–1410*) объявил войну Польскому Королевству и Великому Княжеству Литовскому. Но Орден не смог выступить единым фронтом. Земельный управляющий в Ливонии Конрад фон Фитингхоф (*Conrad von Vytinghove;?–1413*) заключил перемирие с Литвой (1409) и мирный договор с Псковской республикой (*1410*).

2.5. 1410 год

2.5.1. После смерти 18 мая 1410 года короля Немецкой империи[68] Рупрехта Пфальцского (*Ruprecht von der Pfalz; 1352–1410*) одним из наиболее вероятных претендентов на всегерманский престол был Сигизмунд Люксембургский (*1368–1437*). Свою миссию он видел в объединении Европы для борьбы с турецкой агрессией и в преодолении раскола в католической церкви[69]. Сигизмунд организовал крестовый поход против турок, закончившийся, правда, катастрофическим поражением в битве при Никополе. Его избрание ознаменовало бы создание в конце первого десятилетия XV века коалиции европейских государств для противостояния захватническим устремлениям турок, хотя уже и без Польши и Литвы, как это могло бы быть четверть века до того. Тогда, через брак с Марией, дочерью Людовика I, являвшегося одновременно и польским королём, Сигизмунд мог стать соправителем этого христианского государства. Но польские магнаты не захотели видеть Марию своей королевой...

2.5.1.1. В 1410 году королём Германии был избран сводный брат Сигизмунда Йост Моравский (*Jobst von Mähren; 1351–1411*). Йост слыл беспринципным политиком, в распоряжении которого были немалые средства, о происхождении которых можно строить догадки. Женат он был на Агнес фон Оппельн (*Agnes von Oppeln; 1360–1413*) из польской династии Пястов, выдвинувшей первых королей Польши[70]. К XV веку Пясты утратили своё былое могущество, но стремились к реваншу. С избранием Йоста, не зарекомендовавшего себя активным защитником интересов немецких государств[71], Немецкий орден фактически оказался в политической изоляции.

2.5.2. 15 июля 1410 года, согласно польской историографии, между немецкими населёнными пунктами Танненберг (*Tannenberg*) и Грюнвальд (*Grunwald*)[72] произошла Грюнвальдская битва, о которой сохранились весьма противоречивые свидетельства.

2.5.2.1. Основным источником считается краткий пересказ «Хроники конфликта»

(*Cronica conflictus*), предположительно написанный Збигневом Олесницким (*Zbigniew Oleśnicki; 1389–1455*), королевским секретарём Ягайло, который позже стал первым кардиналом польского происхождения. Пересказ был сделан более чем через сто лет после описываемых событий, оригинал не сохранился.

2.5.2.2. Ссылаются также и на пространное описание, сделанное полвека спустя личным секретарём и доверенным лицом Збигнева Олесницкого Яном Длугошем (*Jan Długosz; 1415–1480*), который видел свою миссию в расширении территории Польши за счёт немецких земель. В сочинении «*Прусские знамёна*» (*Banderia Prutenorum*) Длугош назвал местом сражения поле у немецкого населённого пункта Грюнвальд (*Grunwald*), которое находится рядом с Танненбергом (*Tannenberg*).

2.5.2.3. Немецкие и другие современные тому событию источники не содержат описаний этой битвы, за исключением, может быть, краткого упоминания в сочинении «*Хроника земли прусской» (Chronik des Landes Preussen)*, большая часть которой была написана Иоганном фон Посилге (*Johann von (der) Posilge; 1340–1405*). Строки же о самой битве дописаны неизвестным автором уже после смерти Посилге.

2.5.2.4. В «*Хронике Быховца*» – своде белорусско-литовских летописей, созданных в 1550–1570 годах на основе более ранних источников, говорится, что перед позициями Немецкого ордена были прорыты оборудованные глубокие траншеи (*«волчьи капканы»*) для сдерживания атак конницы[XXV]. Однако археологические раскопки, проведённые в 60-е годы на предполагаемом месте сражения, ям не обнаружили.

2.5.3. Распространённая легендарная версия, первоначально сформулированная Збигневом Олесницким и Яном Длугошем, так описывает ход битвы и последующей кампании:

Началась она с атаки «татарской» конницы, которая угодила в «волчьи капканы» и понесла серьёзные потери. Затем в бой вступили поляки. Из-за отступления литовцев и вроде бы выжидательной позиции чехов, ретировавшихся с поля боя (но потом вернувшихся), Немецкий орден начал одерживать победу. Однако некоторые его части, распропагандированные членами тайного «Союза ящерицы», в решающий момент сражения не вступили в бой. Кроме этого, Ливонская часть Немецкого ордена не участвовала в сражении, верная сепаратным договорам с восточными соседями – Литвой и Псковской республикой. Орден потерпел сокрушительное поражение. В поединке с союзником турок, ханом Джелаледдином – сыном хана Тохтамыша, погиб верховный управляющий Немецкого ордена Ульрих фон Юнгинген. В битве против ненавистного Немецкого ордена приняли участие и русские дружины. Далее объединённые войска предприняли наступление на столицу Немецкого ордена Мариенбург, осада которого закончилась безрезультатно.

Так принято трактовать события лета 1410 года. Битву окружили романтическими легендами, превратив её в символ борьбы против немецких захватчиков и источник национальной гордости. Но это полуправда или даже менее того.

2.5.3.1. Да, Немецкий орден в ответ на недружественные акты со стороны Польши и Литвы объявил им войну. В этом не было ничего необычного с точки зрения международного права того времени.

2.5.3.2. Агрессия католической Польши против католического же Немецкого ордена в союзе с язычниками (лишь несколько лет до того литовский князь Витовт принял католицизм, а его подданные продолжали противиться христианизации) и мусульманами грозила последовательному союзнику Орды Ягайло, как минимум, отлучением от церкви и потерей трона. Однако католическая церковь в тот момент была расколота[73]. Да и Ягайло в своих интересах предпринял энергичные меры по героизации событий.

2.5.4. После того, как очевидным стал провал кампании против Немецкого ордена, так как не удалось взять его столицу Мариенбург, 16 сентября 1410 года, за три дня до снятия осады, Ягайло написал письмо епископу Познаньскому Войтеху Ястржембцу (*Wojciech Jastrzębiec; 1362–1436*). В нём он настаивал на строительстве церкви и монастыря во славу Бригитты Шведской (*Birgitta; 1303–1373*), якобы предрёкшей падение Немецкого ордена, *«на месте конфликта нашего с прусскими крестоносцами, называемого Груненфельд» („in loco conflictus nostri, quem cum Cruciferis de Prusia habuimus, dicto Grunenvelt")*[XXVI].

2.5.4.1. Дания, Швеция и Норвегия, объединённые Кальмарской унией[74], соперничали с Союзом Немецкий орден – Немецкая Ганза в Северной Европе, и предсказания о крахе мощного торгового и политического конкурента находили восторженный отклик в скандинавских странах. Но Польша и Литва объективно нуждались в сильном северном союзнике – Немецком ордене, с которым они могли бы выступать единым фронтом против угрозы с юга – турецко-ордынской коалиции, последовательно захватывавшей христианские страны Европы. Стратегический Союз с Немецким орденом был необходим католической Польше и всё более становившейся христианской Литве, даже несмотря на проордынскую ориентацию Ягайло.

2.5.5. Исходя из логики событий того времени, можно предположить следующий вероятный сценарий событий 1410 года:

2.5.5.1. Ягайло, ставший с помощью магнатов и банковско-ростовщического лобби польским королём, не смог противиться оказываемому на него давлению со стороны турецко-ордынской коалиции и пропустил их войска (или не воспротивился мобилизации сил «*турецко-ордынской пятой колонны*» внутри государства). Враги начали вторжение на наиболее уязвимом участке польско-литовской границы с Немецким орденом, – там, где его земли фактически рассекались надвое треугольником Эрмландского епископства (*Fürstbistum Ermland*), вершина которого была нацелена на узкую полоску земли вдоль побережья, непосредственно принадлежавшую Ордену. Епископство формально признавало верховную власть Ордена, но в 1410 году епископ Генрих фон Фогельзанг (*Heinrich IV. Heilsberg von Vogelsang; ок.1360–1415*) присягнул на верность Ягайло. Потом, правда, будет утверждаться, что сделал он это после «Грюнвальдской битвы». Но в любом случае вряд ли это было сделано без соответствующей «подготовки». Таким образом, войска неприятеля могли быть беспрепятственно пропущены до узкой полосы прибрежных земель Ордена, соединявшей его столицу Мариенбург с Кёнигсбергом. Другая узкая полоса вдоль побережья Балтийского моря обеспечивала сухопутную связь с Ливонской частью Немецкого ордена. Непосредственно к ней примыкали земли взбунтовавшихся жемайтийцев. Без этих двух стратегически важных артерий Орден оказался бы расчленённым на три части.

2.5.5.2. На «эрмландском направлении» опорным пунктом являлось поселение Груненфельд (*Grunenfeld, ныне польское Gronówko*)[75], в районе которого и могли быть вырыты оборонительные рвы, остановившие натиск татарской конницы. Груненфельд был основан неким Николаем Пранге (*Nikolaus Prange*), которому комтур[76] Бальги[77] Эрхард фон Куллинг (*Erhard von Kulling; в должности: 1349–1352*)[XXVII] выделил землю под строительство на уязвимом участке границы Ордена. Как представляется, таким образом Орден намеревался укрепить свои рубежи. Именно здесь могло произойти первое крупное сражение лета 1410 года между Орденом и неприятельской армией, ведомой интересами турецко-ордынской и ростовщическо-банковской коалиции.

2.5.5.3. После этого была блокирована столица Немецкого ордена Мариенбург, что, однако, не принесло осаждавшим ожидаемой победы. Татары, верные своей тактике летних набегов ради захвата рабов, к осени собрались в обратный путь. Ягайло в союзе с Витовтом и вроде бы поддержавшими агрессию жемайтийцами не в силах был одолеть немцев, даже несмотря на предательство членов тайного «Союза ящерицы». С севера на помощь прусской части Немецкого ордена пришли ливонские рыцари, которые по пути освободили и Груненфельд. Поэтому чуть позже Ягайло был вынужден построить обещанный монастырь во славу Бригитты не на поле брани у Груненфельда, а 16 лет спустя подальше от орденских границ – в Люблине.

2.5.5.4. Вполне вероятно, что второе значительное сражение 1410 года произошло при преследовании Орденом неприятеля после снятия осады Мариенбурга на том месте, которое традиционно считается «грюнвальдским». Орден одержал победу на поле брани, поблизости от которого располагались населённые пункты Людвигсдорф (*Ludwigsdorf, ныне – польский Łodwigowo*), Танненберг (*Tannenberg, ныне район польского Stębark*) и Грунвальд (*Grunwald, ныне – польское Stębark*); в 1411 году по повелению нового верховного управляющего Немецкого ордена Генриха фон Плауэна (*Heinrich der Ältere von Plauen;1370–1429*) там была сооружена часовня во славу Богородицы – покровительницы Немецкого ордена.

2.5.5.5. Позже, по Второму Торуньскому миру (1466), «грунвальдское поле» отошло к Польше, а «груненфельдское» осталось за Орденом. Героизация символической победы поляков над немцами сконцентрировалась со временем на «Грунвальде», тем более, что с «Груненфельдом» это место было немного созвучно...

XXVIII

Местоположение Стембарка – Грунвальда

XXIX

Местоположение Гроновко – Груненфельда

2.5.5.6. 25 ноября 2010 года в Гданьске состоялась торжественная церемония открытия памятника татарам – «*в благодарность за помощь в Грюнвальдской битве 1410 года*»…

2.6. Раскол: государственная измена и экономическая удавка для Ордена

2.6.1. В ноябре 1410 года 27-м верховным управляющим Немецкого ордена был избран Генрих фон Плауэн, который до того принял на себя фактическое руководство кампанией по освобождению территории Немецкого ордена от орд захватчиков и отстоял его столицу Мариенбург. Новый глава Ордена энергично принялся за искоренение предателей из «Союза ящерицы». Он раскрыл заговор, во главе которого, вероятно, стоял управляющий комтурством Реден (*Rehden; ныне польск. Radzyń Chełmiński*) Георг фон Вирзберг (*Georg von Wirsberg*).

2.6.1.1. Был казнён и один из руководителей «Союза ящерицы» Николаус фон Рёнис, который в «Грюнвальдской битве» возглавлял засадный полк. По легенде, в критический момент сражения, когда наметившийся успех рыцарей должны были развить резервные войска, Рёнис вместо подачи сигнала к атаке опустил полковое знамя, т. е скомандовал отступление.

2.6.1.2. Фон Плауэн намеревался также отстранить от должности эрмландского епископа Генриха фон Фогельзанга, изменившего Ордену и присягнувшего на верность польскому королю Ягайло. Но продолжавшийся раскол в католической церкви не позволил сделать это.

2.6.2. Орден отстоял свою независимость и сохранил территориальную целостность. По Первому Торуньскому миру (*Erster Frieden von Thorn*), подписанному 1 февраля 1411 года в городе Торн (*Thorn; польск.: Toruń*), Польша отказалась от притязаний на земли Немецкого ордена. Жемайтия после смерти польского короля Ягайло и великого князя литовского Витовта должна была быть возвращена Ордену.

2.6.2.1. Но 14.000[XXX] подданных Ордена оказались пленёнными ордой захватчиков, и им была уготована судьба быть проданными на невольничьих рынках. Генрих фон Плауэн решил выкупить невольников. Был назначен выкуп, равнявшийся приблизительно 20 тоннам серебра, а также согласован график выплат: ежегодно, равными партиями. В случае просрочки были предусмотрены жёсткие штрафные санкции, увеличивавшие долг многократно. Хотя у Ордена и не было собственных достаточных запасов драгоценных металлов, поскольку его благосостояние основывалось на реальной экономике, сделка, однако, представлялась вполне осуществимой. Рудники Сребренницы находились во владениях тогда ещё короля Германии Сигизмунда[78], где Орден пользовался непререкаемым авторитетом; на них трудились немецкие специалисты. Кроме этого, был предложен «налог солидарности» с муниципального имущества, который поддержали все города, за исключением Данцига и, чуть позже, Торна, где, несмотря на меры, принятые фон Плауэном, продолжал укреплять свои позиции «Союз ящерицы». Но и их сопротивление солидарной политике было, в конце концов, тоже сломлено. Казалось, что поставки серебра для вызволения из рабства подданных Ордена были гарантированы.

2.6.2.2. Но именно в 1411 году король Германии Сигизмунд неожиданно передал Сребренницу верному турецкому вассалу Стефану Лазаревичу (*1374–1427*), который вроде бы согласился признать его сюзеренитет[79]. График погашения долга за пленников оказался под угрозой срыва. И всё же Немецкий орден, верный договорным обязательствам, выплатил до 1413 года два транша долга за пленников. Несмотря на это, провокации со стороны недругов продолжались.

2.6.3. В сентябре 1413 года Генрих фон Плауэн решился нанести ответный удар. Но уже в ходе успешного выдвижения войск на неприятельскую территорию, маршал Ордена[80] Михаэль Кюхмайстер фон Штернберг (*Michael Küchmeister von Sternberg; 1360–1423*) дал приказ к отступлению.

2.6.3.1. На 14 октября 1413 года в Мариенбурге был назначен капитель – высший совет Ордена, где Генрих фон Плауэн намеревался поставить вопрос об отстранении фон Штернберга от должности военного руководителя. Но неожиданно заболевший накануне фон Плауэн был арестован заговорщиками и заключён в темницу в Данциге, где провёл семь лет[81].

2.6.3.2. Фон Штернберга избрали новым верховным управляющим Немецкого ордена. Преднамеренно или по стечению обстоятельств долг за вызволенных из неволи подданных превращался в непогашенный, росли проценты; налоговое бремя на города Ордена и, соответственно, Немецкую Ганзу увеличилось. Орден оказался насильственно вовлечён в ростовщическо-банковскую кабалу, постепенно ухудшалось материальное положение рядовых подданных, росло недовольство. Ростовщики и спекулянты недвижимостью уже не стеснялись вмешиваться во внутренние дела Ордена, особенно в городах, где активно внедрялась модель хозяйствования, центральное место в которой принадлежало банкам.

2.6.4. В марте 1440 года 53 члена «Союза ящерицы» объявили в Мариенвердере (*ныне – польский Kwidzyn*) о создании Прусского союза (*Preußischer Bund*). Часть заговорщиков заявила о себе как о представителях городов Пруссии. Четырнадцать лет понадобилось на подготовку и финансирование военного противостояния с Немецким орденом.

2.6.4.1. В феврале 1454 года заговорщики подняли восстание против Ордена и сразу же попросили покровительства у польского короля Казимира IV (*Kazimierz Jagiellończyk; 1427–1492*). В результате Тринадцатилетней войны, завершившейся заключением Второго

Торуньского мира (*1466*), Немецкий орден утратил контроль над западной Пруссией, которая стала именоваться Королевской Пруссией и стала частью Польши. Восточная Пруссия с центром в Кёнигсберге оказалась в вассальной зависимости от Польши как польский лен[82]. Его правители назначались польским королём и приносили ему присягу. А «Прусский союз», выполнивший свою разрушительную функцию, прекратил существование.

XXXI

Пруссия после раздела 1466 года;
Розовым выделена Королевская Пруссия

2.7. Собственный путь Ливонии

XXXII

XXXIII

Ливония после 1346 года

2.7.1. Пять, в значительной степени автономных, духовных княжеств составляли Терру Мариану (*Terra Mariana*)[83], неофициально – Ливонию (*Livland*):
- Ливонская часть Немецкого ордена – Ливонский орден (*лат. Fratres miliciae Christi de Livonia, нем. Brüder der Ritterschaft Christi von Livland*);
- Рижское архиепископство (*Erzbistum Riga*)[84];
- епископство Дорпат (*Bistum Dorpat*)[85];
- епископство Эзель-Вик (*Bistum Ösel-Wiek*)[86];
- епископство Курляндия (*Bistum Kurland*)[87].
Иногда к Ливонии относят и территории, принадлежавшие Дании на севере современной Эстонии[88].

2.7.1.1. У города Риги, основанной в 1201 году прибывшим из Бремена фризским епископом Альбертом Буксгевденом (*Albert von Buxthoeven; 1165–1229*), был особый статус. Она являлась центром Рижского архиепископства. Вначале архиепископ был духовным и светским главой города, но уже в 1225 году горожане стали избирать светского главу (*Stadtvogt*). Как и в Пруссии, в Ливонии «Союз ящерицы» опирался на своих сторонников среди католического духовенства, городского и торгового сословий. Особый интерес для банковско-ростовщической системы представляла портовая Рига.

2.7.1.2. Иоанн VI Амбунди (*Johannes Ambundi; ?–16 июня 1424*), введённый в сан архиепископа Риги 11 июля 1418 года, добился от главы католической церкви папы римского Мартина V (*Martinus PP. V; 1368–1431*) отмены буллы папы Бонифация IX (*Bonifacius PP. IX; 1356–1404*) о подчинении Рижского архиепископства Ливонскому ордену. Но этим он не ограничился и начал чеканить собственные монеты, запретив хождение других. Тем самым разрушалась единая денежно-финансовая система Немецкого ордена и Немецкой Ганзы и, в конечном счёте, единое общеевропейское денежное пространство, основанное на реальной экономике. В Ливонии не было серебряных рудников, а у рижского архиепископа – достаточных запасов серебра. Монеты были посеребрёнными и вызывали недоверие у торговых партнёров. Дело дошло до того, что в 1424 году купцы Псковской республики «*приставили мастеров деньги ковать в чистом серебре*»[XXXIV], которые ввели в торговый оборот, в том числе и с Ливонским орденом.

2.7.1.3. Незадолго до своей кончины Амбунди выступил с идеей создания независимой от Ордена Ливонской конфедерации. Юридически сформировать конфедерацию удалось через 11 лет – в 1435 году, за пять лет до образования Прусского союза.

2.7.1.4. Земельный управляющий (*ландмайстер*) Ливонского ордена Зигфрид Ландер фон Шпонхейм (*Siegfried Lander von Sponheim; ?–31 марта 1424*) не в силах был справиться с самоуправством рижского архиепископа. Четверть века не принесли существенных перемен в напряжённых взаимоотношениях светских и духовных феодалов Ливонии. Последние, в силу «*католической иерархии*», не были свободны в принятии самостоятельных решений. В особенности это сказывалось на взаимоотношениях с польским духовенством, пользовавшимся особым покровительством Ватикана.

2.7.2. В августе 1450 года новым ландмайстером Ливонского ордена был избран Иоганн фон Менгден (*Johann von Mengden; ок. 1400–1469*). Воинственную оппозицию возглавил рижский архиепископ Сильвестр Стодевешер (*Silvester Stodewescher; ?–1479, архиепископ: 1448–1479*), с которым фон Менгден пытался наладить приемлемые отношения путём компромиссов и договоров. В 1452 году было достигнуто соглашение, по которому монеты могли чеканить как рижский архиепископ, так и ливонский ландмайстер, что явилось ещё одним этапом в разрушении денежно-финансовой системы Немецкого ордена и Немецкой Ганзы. Ливония, как и Пруссия, став жертвой интриг банковско-ростовщического капитала, постепенно самоизолировалась как от остальной части Немецкого ордена, так и от Немецкой империи.

2.7.2.1. Во внешней политике светские правители Ливонии старались проводить последовательную политику на развитие добрососедских отношений с Псковской и Новгородской республиками, Великим княжеством Московским. Когда ландмайстер Иоганн фон Герсе (*Johann Waldhaun von Heerse; ?–1472; ландмейстер: 1470–1471*) попытался организовать крестовый поход против Псковской республики и подбить Новгородскую республику на военный конфликт с Москвой, он был свергнут рыцарской элитой Ливонского ордена. Антироссийские страсти подогревались рижским архиепископом Сильвестром Стодевешером, который для удержания своей власти пригласил шведских наёмников, пообещав им за военные услуги часть земель Ливонии. Стодевешер предал интересы Ливонии и ливонского рыцарства, с его именем связано начало ползучей оккупации Прибалтики шведами.

2.8. Становление стратегических партнёрств

2.8.1. С начала последней трети XV века стала резко меняться ситуация на восточных рубежах Ливонии. После подписания мира в селе Коростынь (*11 августа 1471 года*) Новгородская республика признала свою зависимость от Великого княжества Московского, пределы которого расширились фактически до границ с Ливонией.

2.8.2. В начале своего правления великий князь московский Иван III (*1440–1505; великий князь с 1462*), стремившийся сбросить зависимость от ханов Золотой орды, сделал ставку на союз с амбициозным крымским ханом Менгли I Гираем (*1445–1515*), который также желал проводить независимую политику и искал союзников для противостояния Османской империи, посягавшей на его суверенитет.

2.8.3. С этой целью Менгли I Гирай заключил союзный договор с генуэзской Каффой[89] и готским княжеством Феодоро[90], а в 1474 году – соглашение о взаимной дружбе с Иваном III. „*Начало русско-крымских союзнических отношений связано с именем влиятельного купца из Каффы (где также частично проживало русское купеческое население) и еврея по происхождению Ходжи Кокоса, известного в русских источниках как Хозя-Кокос, имевшего доверенность как от генуэзского консула, так и от крымского хана. Именно при посредстве Ходжи Кокоса великим князем Московским Иваном III была предложена Менгли I Гираю идея союзнической договорённости. Видя в этом перспективы для своих интересов, а именно, обретение в лице Москвы союзника против Большой Орды, крымский хан отправил в Москву Юсуфа (в крымских посольских книгах – Исуп), шурина Ходжи Кокоса, с грамотой о дружественных намерениях.*“[XXXV]

2.8.3.1. Но османский султан Мехмед II (*1432–1481*), захвативший в мае 1453 года Константинополь, а затем христианские страны Балканского полуострова, не оставил в покое и Крым. В мае 1475 года султан организовал большой военный поход на генуэзские владения. 6 июня капитулировала Каффа, генуэзцев жестоко казнили. Менгли Герай сражался на стороне своих союзников-генуэзцев, был взят в плен и доставлен в Константинополь. В конце того же года, после 5-месячной осады, пала столица христианской Готии Феодоро. Через три года Менгли Герай был выпущен на свободу и смог занять трон крымского ханства, но уже как вассал Османской империи (с 1478 года).

2.8.4. В том же 1478 году великий князь московский Иван III (*1440–1505*), неофициально именовавшийся царём[91], захватил и разрушил Новгород. В Восточной Европе была окончательно уничтожена вечевая демократическая форма правления. Пострадало и представительство Немецкой Ганзы, называвшееся «Двором святого Петра» (*Peterhof, lat. Curia sancti Petri*). С ходу великокняжеское войско вторглось в Дерптское епископство, но встретило со стороны ливонских рыцарей достойный отпор.

2.8.5. В 1480 году был заключён союзный договор между двумя новыми, набирающими силу восточноевропейскими державами – Крымским ханством и Великим княжеством Московским, направленный против общих недругов – Большой Орды и Литвы. Благодаря поддержке крымчан, совершивших в том же году набег на южные пределы государства польского – литовского короля Казимира IV[92], – союзника Большой Орды, Казимир был не в состоянии помочь ордынскому хану Ахмату[93] во время его неудавшегося карательного похода на Русь[94].

2.8.6. В 1481 году на престол Османской империи вступил Баязид II (*1447–1512*), который «*предпочитал мир войне*»[XXXVI]. На некоторое время приостановились захватнические кампании турок, что не могло не повлиять и на расстановку сил в Европе.

2.8.7. Менгли I Герай «*в 1482 году, осенью, со многочисленными конными толпами явился на берегах Днепра, взял Киев, пленил тамошнего Воеводу Ивана Хотковича, опустошил город, сжёг монастырь Печерский и прислал к Великому Князю дискос*[95] *и потир[96] Софийского храма, вылитые из золота. Сей случай оскорбил православных Москвитян, которые видели с сожалением, что Россия насылает варваров на единоверных жечь и грабить Святые церкви, древнейшие памятники нашего Христианства; но Великий Князь, думая единственно о выгодах государственных, изъявил благодарность Хану, убеждая его и впредь ревностно исполнять условия их союза.»*[XXXVII]

2.8.8. Однако прочным союз Крымского ханства с Великим княжеством Московским оставаться долго не мог: слабел из-за внутренних раздоров, а потом окончательно исчез (1502) главный общий противник – Большая орда, разгромленная Менгли I Гираем.

Владения крымских татар теперь непосредственно граничили с Русью, через южные рубежи которой они начали просачиваться с целью захвата рабов. Начались трения, уже в XVI веке переросшие в серию затяжных войн из-за Казанского ханства, где каждая из сторон хотела иметь на троне своих ставленников.

2.8.9. Как у Крымского ханства, так и у Польско-Литовского государства появился общий энергичный сосед – набиравшая силу Русь, цементирующим катализатором которой стало Великое княжество Московское. Одной из причин сближения Польско-Литовского государства и Крымского ханства был и «человеческий фактор». На территории Литвы к тому времени уже почти два столетия существовала крепкая община татар, тяготевших к Крыму и, соответственно, – к Османской империи, что «*поддерживалось постоянными сношениями их прежде всего по делам религиозным: из Крыма приходили мусульманские учёные для занятия имамских мест при мечетях»*[XXXVIII]. 200.000 татар[XXXIX], проживавших в Литве, являли собой внушительную общественную военно-политическую силу, с которой приходилось считаться.

2.8.10. В 1480–1481 гг. ливонцы снова вторглись в пределы владений Ивана III, на что последовала ответная карательная экспедиция. Огромное число (*некоторые исследователи утверждают, что до 100.000*) жителей Ливонии было взято в плен и обращено в холопство. Разорительные грабительские рейды не принесли ни территориальной, ни экономической, ни моральной выгоды ни одной из сторон. *«В 1483 году Послы Иоанновы заключили в Нарве перемирие с Немцами на 20 лет.»*[XL]

2.8.11. В ноябре 1483 года после отставки Берда фон дер Борха (*Bernd von der Borch; ?–1488*) земельным управляющим Немецкого ордена в Ливонии (*Landmeister in Livland*) был избран ревельский комтур Иоганн Фридрих фон Лорингофен (*Johann Freitag von Loringhoven; ок. 1430–1494*). По его рекомендации папа римский Иннокентий VIII (*Innocentius PP. VIII; 1432–1492*) назначил Михаиэля Хильдебранда (*Michael Hildebrand; 1433–1509*) рижским архиепископом.

2.8.11.1. Но шведы, уже тогда фактические союзники турок, следуя принципу «разделяй и властвуй» и играя на свободолюбивых чувствах горожан, «вступились» за Ригу, использовав как предлог для вмешательства назначение нового архиепископа, которому верхушкой города было отказано в доверии. Напряжённость в отношениях между Орденом и городским советом Риги в феврале 1484 года переросла в военное противостояние, продолжавшееся семь лет и объективно содействовавшее стабилизации положения на восточных границах Ливонии, поскольку на большее сил у Ордена уже просто не было.

2.8.12. В 1485, 1487, 1489 годах перемирие между Московией и Ливонией подтверждалось «дополнительными договорами о мире» („*Beifrieden*“), что было сделано при непосредственном участии заинтересованного императора Немецкой империи Фридриха III (*Friedrich III.; 1415–1493*) и его сына, короля Германии Максимилиана I (*Maximilian I.; 1459–1519*), нуждавшихся в надёжных союзниках для отражения турецкой агрессии. За пару десятилетий до этого, в 1469 году, войска Османской империи впервые вторглись в пределы их государства, начались регулярные грабительские набеги турок.

2.8.13. Помимо Фридриха III и Максимилиана I из династии Габсбургов и польских

Ягеллонов,[97] во 2-ой половине XV века на роль объединителя Европы претендовал также венгерский король Матьяш I Корвин (*Hunyadi Mátyás; 1443–1490*). Правда, после громких побед над турками,[98] он, как казалось современникам, стал занимать более примирительную позицию по отношению к ним[99], сосредоточившись на борьбе с христианскими самодержцами за лидерство в Европе.

2.8.13.1. Корвин стал завязывать контакты со стремительно набиравшей мощь Русью. Осторожный Иван III, для уточнения позиций возможного сотрудничества, послал к венгерскому королю своего дипломата Фёдора Васильевича Курицына (*? – после 1500*), который изложил план совместного освоения территорий, присоединённых к Великому княжеству Московскому. В первую очередь нужны были инженеры, архитекторы, специалисты горного дела. Корвин же попросил поддержать его в борьбе с императором Немецкой империи Фридрихом III, королём Германии Максимилианом I и польско-литовским королём Казимиром IV (*Kazimierz Jagiellończyk; 1427–1492*). Заручившись поддержкой Руси, Корвин в 1485 году вошёл в столицу Немецкой империи Вену, где пребывал до самой своей кончины 6 апреля 1490 года.

2.8.14. Одновременно активизировались контакты и Немецкой империи с Русью, поскольку становилось ясно, что без поддержки Руси уже невозможно было выйти победителем в междинастических распрях. В 1486 году в Москву неожиданно прибыл в сопровождении двух слуг посланник Николаус Поппель (*Nikolaus Poppel; ок. 1435 – ок. 1490*), которого недоверчивые бояре поначалу приняли за польского шпиона и устроили ему проверку, заставив написать имена всех имперских князей[100]. Только после этого выслушали Поппеля, который сообщил, что приехал лишь только для того, чтобы побольше узнать о Руси и её правителе. Сведения об аудиенции у Ивана III в этот его приезд не сохранились.

2.8.14.1. В 1487 году засвидетельствовано появление Николауса Поппеля при дворе императора, которому он красочно поведал о своих приключениях в Московии, подчеркнув, что Иван III с интересом отнёсся к возможности заключения союзного договора. Поппель получил от императора доверенность на продолжение ведения переговоров, но из-за болезни смог отправиться в новое путешествие лишь через полтора года, в декабре 1488-го.

2.8.14.2. В конце января 1489 года Николаус Поппель прибыл в Москву и был принят Иваном III. Помимо прочего, Поппель предложил Ивану III королевскую корону, которую ему вручил бы немецкий император. Устами дипломата Фёдора Васильевича Курицына посланнику разъяснили о полном суверенитете власти русского государя, недвусмысленно давая понять, что его фактический государственный ранг равен императорскому. Поппель также выступил в защиту интересов Ливонии, часть территории которой после войны 1480–1481 гг., вероятно, оставалась занятой Псковской республикой, которую он называл «*(в)отчиной*» Ивана III[101]:

> **Да тутъ же говорилъ Великому Князю отъ Магистра Нѣмецкого Вифлянскіе земли: Государю! Былъ есми нынѣ, ѣдучи отъ своего Государя къ твоей милости, у Магистра у Вифлянского, и онъ велѣлъ мнѣ тебѣ говорити, что Псковская земля, твоя отчина, держатъ за собою ихъ земли и воды Вифлянскіе земли, и твоя бы милость послалъ листъ къ своей отчинѣ къ Пскову, чтобы не наступали на ихъ земли и на ихъ воды; а то съ нами приказалъ Магистръ къ твоей милости для того, что добрѣ увѣдалъ, ожъ мы идемъ отъ своего Государя отъ Цесаря къ твоей милости, а мы также говоримъ твоей милости для того, что тѣ Нѣмцы Вифлянскіе земли подданы суть царству Государя нашего.**

XLI

Фёдор Курицын отвечал, что земли те являлись исконно псковскими и принадлежали «*(в)отчине*» Ивана III ещё до прихода туда немцев:

> **А что еси намъ говорилъ отъ Магистра отъ Вифлянского, что будто наша отчина Псковъ держатъ за собою земли и воды Вифлянскіе, ино наша отчина Псковъ держатъ земли и воды по старинѣ, по тому какъ напередъ сего жили съ Нѣмцы Вифлянскіе земли.** XLII

2.8.15. После отъезда имперского посланника было снаряжено ответное посольство во главе с греком Юрием Траханиотом (?–1513). Примечательно, что в грамоте «*Римскому Цесарю Фердерику*»[102], датированной 22 марта 1489 года, Иван III величал себя «*Великим Государем всеа Руси*». Когда же писцы стенографировали наставление Ивана III Юрию Траханиоту, то писали, как и было положено по статусу, – «*Великий князь*». Титул «*Великий Государь*» как бы подчёркивал независимость самоутверждавшейся Руси как от Востока (в 1480 году была сброшена зависимость от Большой Орды), так и от Запада «на межгосударственном уровне».

> **А се съ тое грамоты списокъ: «Іоаннъ, Божіею милостію Великіи Государь всеа Руси, Володимерскій, и Московскій, и Новогородскій, и Псковскій, и Тферскій, и Югорскій, и Вятскій, и Пермскій и иныхъ.**
>
> **А се говорити Юрію отъ Великого Князя сыну цесареву Максиміану, а не будетъ его у отца, и Юрію его тамо наѣждати, гдѣ онъ будетъ: Іоаннъ Великіи Государь всеа Руси Твоей Свѣтлости велѣлъ поклонитися.** XLIII

На словах Юрию Траханиоту и сопровождавшему его Ивану Халепе было наказано *«добывати им Великому Князю мастеров: рудника, который руду знает золотую и серебряную, да другого мастера, который умеет от земли разделити золото и серебро ... и Юрию добывати мастера хитрого, который бы умел к городам приступати, а другого мастера, который бы умел из пушек стрелять, да каменщика добывати хитрого, который бы умел большие суды делати, да и кубки, да и чеканити бы умел и писати на судех; а рядити их, чтобы поехали к Великому князю на наем же. А не поедут те все мастеры на наем, а похотят поехати на Великого Князя жалование, и Юрию их с собою взяти и на Великого Князя жалование...»*[XLIV].

> **Да память Юрію да Ивану Халепѣ: добывати имъ Великому Князю мастеровъ: рудника, которой руду знаетъ золотую и серебряную, да другово мастера, которой умѣетъ отъ земли роздѣлити золото и серебро; и добудетъ Юріи такихъ мастеровъ и ему ихъ выпросити; которые будутъ и иные съ ними мастеры надобѣ на то дѣло, ино и тѣхъ мастеровъ съ ними взяти; а рядити тѣхъ мастеровъ Юрію, чтобы поѣхали къ Великому Князю на наемъ, по колку имъ найму на мѣсяцъ давати за все про все. А дано на тѣ мастеры Юрію, чѣмъ ихъ до Великого Князя допровадити, два сорока соболей, да три тысячи бѣлки; а что у того останется, и Юрію добывати мастера хитрого, который бы умѣлъ къ городомъ приступати, а другово мастера, которой бы умѣлъ изъ пушекъ стрѣлять, да каменьщика добывати хитрого, которой бы умѣлъ полаты ставити, да серебряного мастера хитрого, который бы умѣлъ большіе суды дѣлати, да и кубки, да и чеканити бы умѣлъ и писати на судѣхъ; а рядити ихъ, чтобы поѣхали къ Великому Князю на наемъ же. А не поѣдутъ тѣ всѣ мастеры на наемъ, а похотятъ поѣхати на Великого Князя жалованье, и Юрію ихъ съ собою взяти и на Великого Князя жалованіе;**

Это первое документально зафиксированное официальное приглашение немецких специалистов на Русь, заявленное (манифестированное) Великим князем Иваном III императору Немецкой империи Фридриху III и его сыну королю Германии Максимилиану I (будущему императору Немецкой империи) в наставлении личному посланнику Юрию Траханиоту 22 марта 1489 года.

Конечно же, немцы на Руси были (работали, жили) и раньше. Известна неприглядная история о враче, «немце Антоне», который не сумел вылечить татарина Каракуча, сына касимовского[103] правителя Данияра (?–1486) и «был выдан родным головою и зарезан ножом под Москворецким мостом, к ужасу всех иноземцев»[XLV]. Случилось это в 1485 году. Чудотворец святой Русской Православной Церкви Прокопий Устюжский (Jacob Potharst;?–1303) был купцом из Восточной Пруссии, принял православие, раздал свои богатства и позже удалился из Новгорода в Великий Устюг. Там жил на паперти храма Успения Божией Матери. В 1290 году Прокопий предвидел падение метеорита, о чём предупреждал за неделю до этого горожан и молился об их спасении.
Немцы приумножали креативный потенциал военно-служивого сословия Руси: „...ратные силы древней Руси значительно пополнялись иноземными выходцами, и такой их прилив не мог, конечно, оставаться без влияния на наш военный быт в XIII и XIV столетиях» [XLVI].
В Псковской и Новгородской республиках немцы составляли определённую часть населения. Об этом может, в частности, свидетельствовать берестяная грамота № 753, хранящаяся в Новгородском государственном объединённом музее-заповеднике (НГОМЗ); написана она была на одном из немецких диалектов, предположительно между 1050 и 1075 годом.

 XLVII

Фрагмент берестяной грамоты № 753

2.8.15.1. Император и король приняли посланников Руси с великим почтением, во время аудиенции оба подали Юрию Траханиоту руки.

2.8.16. Посольство покинуло Франкфурт 16 июля 1490 года, их сопровождал посланник, по некоторым источникам – Георг фон Турн (*Georg v. Thurn*), знавший «славянский» [XLVIII], в русских летописях – «Георогь Турьян».[XLIX] Имя имперского представителя примечательно. Скорее всего, в качестве посла был выбран некий Георг из прусского Торна, где население было смешанным и полиязычным: говорили на диалектах немецкого, польского и западнорусского языка, который в то время являлся официальным языком Великого княжества Литовского. В русских летописях посланник именуется также Юрием Делаторгом[L]. Одно из значений латинского ‚*delator*' – «осведомитель».

2.8.16.1. Фон Турн-Делатора торжественно встретили в Москве, Иван III встал с трона, приветствуя его, и подал руку. Посланник вручил верительную грамоту, подписанную «королём римским» Максимилианом I[104], с указанием адресата «*Светлейшему и Всемочнейшему и Начальнейшему Іоанну Вседержавному Государю Русьскому, нашему дражайшему другу*». «*Вседержавный Государь*» – это адекватный перевод латинского «*император* (*imperator*)», эпитеты «*Всемочнейший и Начальнейший*»[LI] подчёркивали значимость титула, аналога которому не было в дипломатическом этикете.

2.8.16.2. Иван III, Фридрих III и Максимилиан I видели в польском короле Казимире IV общего противника: «*Великий Государь всеа Руси*» хотел присоединить к своим владениям южнолитовские земли, а немецкий император, после того, как 6 апреля 1490 года в занятой им Вене скончался венгерский король Матьяш I Корвин, – занять венгерский трон, на который претендовал и Казимир.

2.8.16.3. Дабы прочнее скрепить русско-немецкий союз, фон Турн объявил о желании Максимилиана I жениться на дочери Ивана III Елене (*1476–1513*)[105]. Великий князь потребовал письменных гарантий, что дочь не заставят отказаться от православия и ей будет разрешено взять с собой священников. Посланник не был уполномочен давать такие обещания.

2.8.16.4. Но главное свершилось: Иван III поставил свою подпись под союзным договором между королём Максимилианом I и Русью, датированным 16 августа 1490 года и скреплённым золотой печатью. В этом межгосударственном акте, вероятно, составленном Фёдором Васильевичем Курицыным, Иван III величался «*По Божией воле и по нашей любви, Мы Иоанн, Божию милостию Государь всеа Русии, Володимерский, и Московский, и Новгородский, и Псковский, и Тферской, и Югорский, и Вятский, и Пермский, и Болгарский и иных*»[LII].

Сохранился и немецкий вариант договора:

Aus gotz willen vnd aus vnnser freuntlich lieb. Wir Johanns von gotz gnaden ainiger Furst vnd Herr in Rewssen Herczog zu Valadimerj zu Moska zu Neugarten zu Plesko zu Tsheri zu Ingarn zu Werdsko zu Permia vnd zu Wolgarn etc. haben angenommen verstentnuss vnd [LIII]

В нём Иван III именуется «*Единоличным (ainiger) государем (Furst) и господином (Herr) в Руси (in Rewssen)*»[106]. По европейскому дипломатическому этикету того времени титул великого князя равнялся герцогскому. Отмечая «*герцогские полномочия*» Ивана III в подвластных ему территориях Восточной Европы, в оборот межгосударственных отношений вводился дополнительный титул, равный, по сути, королевскому или даже императорскому.

2.8.16.5. В союзном договоре был обозначен и главный общий враг – польский король Казимир IV: «*а быти нам с тобою на Казимера на Короля и на его дети заодин и до живота; а тебе с нами быти на Казимера на Короля заодин и до живота*». Примечательно, что Иван III брал на себя более широкие союзнические обязательства, обязуясь поддержать Максимилиана I и в том случае, если начнётся военное противостояние и с детьми польского короля. К тому времени у Казимира было пять сыновей и пять дочерей, уже тогда оказывавших влияние на европейскую политику[107].

2.8.16.6. Через три дня фон Турн отправился в обратный путь в сопровождении Юрия Траханиота и дьяка Василия Кулешина, которые должны были засвидетельствовать целование креста Максимилианом I и собственноручно поставленную им подпись под договором. С собой они везли заготовленный для Максимилиана I черновик его ответа Ивану III.

2.8.16.7. 22 апреля 1491 года Максимилиан подписал в Нюрнберге предложенный Иваном III вариант союзного договора.

2.8.16.8. 26 ноября фон Турн вновь предстал перед великим князем. Миссия его была непростой. Ему пришлось неловко выкручиваться, объясняя перемену планов Максмилиана относительно сватовства к дочери Ивана III. Кроме этого, стало известно о переговорах Максимилиана с польским королём, что могло поставить под сомнение саму суть союзного договора.

2.8.17. Однако было одно важное обстоятельство, закладывающее прочный фундамент союзнических отношений немцев и русских: как верховный управляющий Немецкого ордена Иоганн фон Тифен (*Johann von Tiefen; ок. 1440–1497*), так и земельный управляющий Ордена в Ливонии Иоганн Фридих фон Лорингофен были полны решимости сбросить ленную зависимость от Польши, но при одном условии – Ливонии была необходима действенная поддержка Руси.

2.8.17.1. Уже давно поляки и католическое духовенство настаивали на передислокации Немецкого ордена, чтобы таким образом якобы приблизить его к непосредственному театру военных действий с турками. По совету епископа Вармии Лукаса Ватценроде (*Lucas Watzenrode; 1447–1512*) польский король Ян I Ольбрахт (*Jan I Olbracht; 1459, Краков – 1501, Торунь*) предложил папе римскому Александру VI (*Alexander PP. VI; 1431–1503*) переместить Немецкий орден из Пруссии в Подолию[108], а территории Ордена присоединить к Польской короне[LIV].

2.8.17.2. Устранение Ордена из Пруссии и Ливонии несомненно означало бы и выдворение немцев, замещение их, возможно, и мусульманским населением Литвы.

2.8.17.3. От имени немецкого короля и будущего императора Немецкой империи Максимилиана I фон Турн предложил Ивану III взять под своё покровительство Ливонский орден и, соответственно, другие духовные княжества Ливонии, городское население которых почти исключительно составляли немцы:

> И велѣно ми приказати Местера Прусского и Ливонского Твоему Величествiю и молитися Государствiю Твоему, чтобы ихъ взялъ въ свое соблюденье, и еще молитися Твоему Величествiю, чтобы нынѣ взялъ и тѣ городы въ свое соблюденье, и о томъ дати ми къ нимъ свою грамоту. [LV]

С этого момента становились нераздельными исторические судьбы народов Ливонии и Руси. Практическим же результатом на тот момент явилось продление в 1493 году договора о дружбе между Ливонским орденом и Великим княжеством Московским.

2.8.18. В апреле 1492 года фон Турн отправился в обратный путь, а вслед за ним, с миссией в Немецкую империю, – Юрий Траханиот с дьяком Михаилом Степановичем Еропкин-Кляпиком (?–1513). Помимо прочего у них было и поручение к курфюрсту Саксонскому Фридриху III, прозванному Мудрым (*Friedrich der Weise; 1463–1525*). Иван III очень хотел сосватать за него свою дочь Елену, брак которой с Максимилианом I не состоялся. Фридрих III был владельцем серебряных рудников и чеканил собственную монету.[109] Иван III ходатайствовал перед влиятельным курфюрстом о содействии в проезде «*людей из Италийских стран*», как представляется, в том числе и зодчих для строительства Московского кремля,[110] приглашал немецких мастеровых на Русь для поселения, готов был оказать этому проекту всяческое содействие:

> которые люди изъ Италiйскихъ странъ пойдутъ черезъ твою землю на наше имя, и ты бы ихъ велѣлъ оберегати и пропущати по своей землѣ добровольно. Также которые люди мастеры какiе изъ твоеi земли похотятъ къ намъ ити на наше имя, и ты бы ихъ велѣлъ отпускати насъ для; а что будетъ тебѣ у насъ надобѣ въ нашихъ земляхъ, и мы тебѣ за то не стоимъ. [LVI]

2.8.18.1. Это приглашение имело далеко идущие последствия. Через некоторое время приехавшие рудознатцы *Johann* и *Victor* (*летописи сохранили только их имена*) нашли месторождения серебра на реке Цильма, левом притоке Печоры. Это позволило Руси при Иване III начать чеканить монеты из собственного серебра. Окончательно закончился безмонетный период[111].

В XV веке двуглавый орёл Византийской империи становится символом сопротивления турецкой агрессии. С 1442 года он – на гербе Немецкой империи, с 1495 – Руси. Для балканских же народов, принявших на себя первый удар турецких агрессоров, двуглавый орёл стал символом сопротивления:

Флаг Албании	*Герб Черногории*	*Герб Сербии*	*Флаг Греческой Православной Церкви*
LVII	LVIII	LIX	LX

Пояснения

1. Термин «*другие немцы*» отражает, прежде всего, личную позицию автора. Антиисторический расхожий постулат, что «*царица Екатерина II пригласила немцев в Россию*» ни терминологически, ни фактически не соответствует реальной истории российских немцев, которые явились вероносным и одним из государствообразующих народов Восточной Европы. Катализирующими и консолидирующими факторами, приведшими к образованию этноса российских немцев, явилась совместная борьба народов Немецкой империи и Руси против многовековой турецкой агрессии и государственный геноцид российских немцев (*начиная с Указа И. В. Сталина от 7 октября 1942 года*). История российских немцев неотделима как от истории Руси, так и Немецкой империи, Немецкого ордена.

2. Священная Римская Империя (*лат. Sacrum Romanum Imperium*), с XV века: Священная Римская Империя Немецкого Народа (*лат. Sacrum Imperium Romanum Nationis Germanicae или Sacrum Imperium Romanum Nationis Teutonicae, нем. Heiliges Römisches Reich Deutscher Nation*) – государственное образование, существовавшее с 962 по 1806 годы и объединявшее многие территории Европы. По тексту употребляется название «Немецкая империя».

3. см. Вальтер Фризен: Империя Знаний; Dortmund-Bodelschwingh: AFZ ETHNOS 2014; ISBN 978-5-4431-0047-0.

4. Антиправительственная и антироссийская Барская конфедерация (*Konfederacja barska*) была создана 29 февраля 1768 года польскими католиками в крепости Бар (*сейчас – украинский город*). Конфедераты восстали против короля Станислава II Августа Понятовского

(*Stanisław August Poniatowski; 1732–1798*), стремившегося ограничить зависимость экономики страны от банковского капитала и уравнять в правах с католиками христиан православного и протестантского вероисповеданий. Михал Красинский (*Michał Hieronim Krasiński, 1712–1784*) и Иоахим Потоцкий (*Joachim Karol Potocki, 1725–1791*), находившиеся в Турции, считались идейными вдохновителями и руководителями конфедератов. 5 марта 1768 года Михал Красинский от имени Барской конфедерации обратился за помощью к Османской империи. Руководил военными действиями заговорщиков французский генерал Шарль Франсуа Дюмурье (*Charles François Dumouriez; 1739–1823*).

5. Из 610 тысяч солдат армия Наполеона потеряла около 580 тысяч человек, российская – 210.000 из 600.000.

6. Франция с оккупированными странами Европы в 1812 году:

LXI

7. Лишь 28 мая 1812 года, менее чем за месяц до вторжения Наполеона в Россию (*24 июня*), был подписан мирный договор с Османской империей, подытоживший изнурительную шестилетнюю войну (*1806–1812*). Война была спровоцирована усилиями французского посланника Ораса Себастьяни (*Horace François Bastien Sébastiani de La Porta; 1772–1851*). В случае победы Наполеона Турция несомненно попыталась бы вернуть утраченные позиции в придунайских государствах и на Кавказе.

8. Этнопсихология изучает особенности психического склада различных рас и народов. Термин «этническая психология» (*Völkerpsychologie*) был предложен немецкими философами и лингвистами Хейманом Штейнталем (*Heymann Steinthal; 1823–1899*) и Морицем Лазарусом (*Moritz Lazarus; 1824–1903*). В 1859 году они основали журнал «Психология народов и языкознание» (*Zeitschrift für Völkerpsychologie und Sprachwissenschaft*).

9. Субэтнос (*народность*) – этническая группа внутри этноса (*народа*), выделяющаяся некоторыми особенностями традиций, поведенческих норм, языка. При определённых условиях, например, изолированности на протяжении длительного времени от основной массы этноса, субэтнос может развиться в самостоятельный этнос (*народ*).

10. Позже, в 1597 году, в городе было основано Адмиралтейство Фризии.

11. Штединги – «*жители прибрежья*», обитали в осушённой ими болотистой местности в низовьях Везера.

12. Часто употребляемый в русскоязычной литературе термин «*великий магистр*» мы заменяем на «*верховный управляющий*», более соответствующий немецкому и латинскому эквивалентам *Hochmeister, Magister generalis*, а также более точно определяющий суть должности в современной терминологии – исполнительного директора, главного менеджера Немецкого ордена.

13. Бурценланд (*Burzenland*) – историческая область в современной центральной Румынии, на юго-востоке Трансильвании, вокруг города Брашов (*Braşov*) – историческом центре трансильванских саксов, именовавшемся Кронштадтом (*Kronstadt*).

14. Трансильвания (*лат. Transsilvania «Залесье»*) – историческая область на северо-западе Румынии; немецкое название – Siebenbürgen «*Семиградье*».

15. Некоторые исследователи считают, что название страны пруссов (*Prūsa*) созвучно древнему имени страны фризов (*Frusa*); этого мнения, в частности, придерживался русский лингвист О. Н. Трубачев.

16. Хелминский край (*Kulmerland*) – издревле плотно заселённые плодородные земли в излучине Вислы. Территории к северу и востоку от него были заселены народами, обобщённо именовавшимися пруссами:

LXII

17. Псковская республика – средневековое государственное образование на территории Руси со столицей в городе Псков. С 1136 года находилась в составе Новгородской республики, пользуясь широкой автономией. С 1348 года – полностью независима. В 1510 году была присоединена к Московскому княжеству.

18. Новгородская республика – средневековое государство Восточной Европы, существовавшее в период с 1136 по 1478 год, простиралось от Балтийского моря до Уральских гор. В 1478 году Новгород был присоединён к Великому княжеству Московскому.

19. Братство воинов Христа (*лат. Fratres militiæ Christi de Livonia*), известное как Орден меченосцев или Орден братьев меча (*Schwertbrüderorden*), было основано в 1202 году.

20. Другие названия Ливонского наместничества: Ливонский орден; лат. *Fratres miliciae Christi de Livonia; нем. Brüder der Ritterschaft Christi von Livland или Meistertum Livland.*

21. Термином этнос (греч. ἔθνος) – обозначаются группы людей, объединённых общим происхождением, самосознанием, языком, общей культурой, территорией проживания и другими признаками, вне зависимости, считаются ли они племенами, народностями, народами или нациями.

22. Расселение готов (*готск. "gutans"; лат. Gothi, Got(h)ones; др.-греч. Γόθοι*) по течению Вислы со II по V век н. э.:

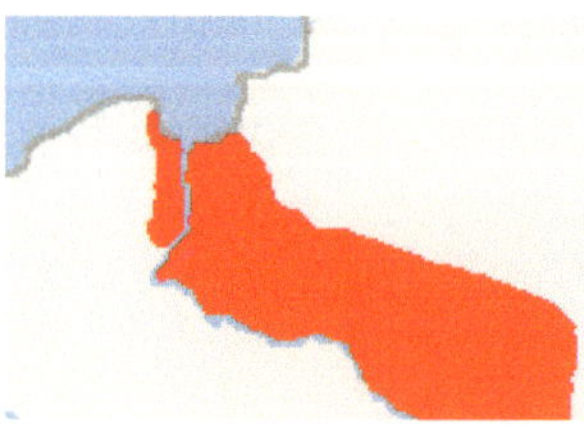

LXIII

23. Часть кимвров (*лат. Cimbri, Cymbri*; др.-греч. Κίμβροι [*Kimbroi*]) из Ютландии около 180 года н. э. направилась вдоль побережья Балтийского моря на восток – в район, который позднее стал Пруссией.

24. Швабы-свевы (*лат. Suevi, Suebi*) в первой половине I-го тысячелетия н. э. занимали территорию западнее Вислы до Балтийского моря, которое тогда называлось «швабским» (*Mare Suebicum*). Пройдя через всю Европу, швабы основали в Испании в 409 году своё королевство, в 585 году вошедшее в состав Вестготского государства. Часть швабов чуть ранее осела на территории нынешней южной Германии.

25. Гепиды (*лат. Gepedes, др.-греч. Γήπαιδες*) – восточногерманское племя, родственное готам.

26. Руги (*лат. rugii*) – восточногерманское племя. Греческий географ Клавдий Птолемей (*Κλαύδιος Πτολεμαῖος, лат. Ptolemaeus; ок. 100 – ок. 170*), живший и работавший в Египте, в своём сочинении «*Руководство по географии*» «*разместил в их землях*», у впадения реки Вепши в Балтийское море, город Ругиума (*Ῥούγιον*), известный в средние века как Рюгенвальде (*нем. Rügenwalde*); сейчас – Дарлово (*Darłowo*) в Польше.
Reginae Rugorum (‚королева ругов‘) – был официальный титул киевской княгини Ольги (в крещении Елена; ок.890–969), признаваемый другими европейскими государями. Возможно, название Риги также связано с этнонимом «руги».

LXIV

Территория ругов и соседних германских этносов

27. Пшеворская культура – археологическая культура железного века (*II век до н.э. – IV век н.э.*), названа по польскому городу Пшеворску (в предгорьях Карпат), около которого были найдены первые артефакты.

LXV

Ареал Пшеворской культуры

28. В письменных источниках пруссы впервые упоминаются как *Bruzi* в сочинении неизвестного автора «Баварский географ» (*Bayerischer Geograph; лат. Geographus Bavarus*), написанном во 2-ой половине IX века и обнаруженном в 1722 году в Баварской государственной библиотеке Мюнхена. Арабский географ Мухаммад аль-Идриси (*1100–1166*) упоминал народ Burūs в Южной Балтике.

Название происходит от индогерманского корня *pər- / *bər- со значением «мужчина, юноша»; ср. в русском *пар-ень*, немецком *Bur-sche*, хиндустани: *puruš* ‚Mann'. Латинизированные наиболее употребительные варианты этнонима в средние века – *Pruzi*, *Prutheni* или *Borussi*; принятые названия исторического региона – Prussia или Borussia.

29. Средневековый климатический оптимум – эпоха относительно тёплого климата в северном полушарии в X–XIII веках. Средневековый климатический оптимум обусловил во всей Европе заметный рост населения и сельскохозяйственной продукции за счёт расширения земледельческих угодий и более высокого качества урожая. Расширение пашенных земель способствовало формированию деревень вместо типичных для того времени отдельных хуторов и дворов. Одно из наиболее ярких исторических свидетельств средневекового потепления климата – основание скандинавских поселений в Гренландии.

30. См. пояснение 11.

31. Папа римский Григорий IX (*Gregorius PP. IX;1145–1241*) санкционировал крестовый поход против крестьянской республики штедингов, которые из-за споров с Бременским архиепископством были объявлены еретиками. В результате войны 1229–1234 гг. штединги потерпели поражение и вынуждены были скрываться.

32. Юридический термин «*птичья свобода*» (*Vogelfreiheit*) в негативном значении появился лишь в XVI столетии и обозначал утвердившийся гораздо ранее – в средние века – статус осуждённого, приговорённого к «*имперской опале*» (*Reichsacht*). Причинение вреда или убийство такого человека не влекло юридических последствий, а оказание ему помощи, в том числе, предоставление убежища, питания или одежды приравнивалось к государственному преступлению и могло также караться объявлением вне закона.

33. Имперский (*Reichsfrei или Reichsunmittelbarkeit*) – в Немецкой империи привилегированный статус, который могли иметь города, религиозные организации, феодальные княжества либо небольшие феодальные владения. Город или территория со статусом «имперский» находились под непосредственной властью императора и рейхстага. Преимуществом данного статуса было то, что территории, им обладавшие, могли самостоятельно взимать налоги и пошлины, а также вершить правосудие.

34. Талассократия (*от др.-греч. Θάλασσα [таласса]«море» и κράτος [кратос] «власть»*) – тип общества или государства, экономическая, политическая и культурная жизнь которого сосредотачивается на деятельности, связанной с морем, морским судоходством, контролем морских пространств и прибрежных регионов.

35. Сефарды – от топонима *Сфарад*, отождествляемого с Испанией, – группа евреев, в основном сформировавшаяся на Пиренейском полуострове. Известные сефарды: британский финансист сэр Моше Хаим Монтефиоре (*англ. Sir Moses Haim Montefiore; 1784–1885*); премьер-министр Великобритании в 1868, и с 1874 по 1880 гг. Бенджамин Дизраэли, граф Биконсфильд (*англ. Benjamin Disraeli, 1st Earl of Beaconsfield; 1804–1881*); председатель Совета Министров и министр иностранных дел Франции Пьер Мендес-Франс (*фр. Pierre Mendès France; 1907–1982*); предприниматель, меценат и наркоторговец Давид Сассун (*David Sassoon; 1792–1864*), причастный к развязанным Великобританией двум Опиумным войнам в Китае (*1839–1842 и 1856–1860*) и т. д.

36. Опиумные войны – военные конфликты (*1839–1842 и 1856–1860*) на территории Китая между Великобританией, поддержанной западными державами, и Империей Цин.

Одним из главных требований Великобритании было расширение торговли опиумом, подрывавшей здоровье нации. Миллионы китайцев всех слоёв и сословий были вовлечены в потребление наркотика. По оценке современников, наркотики употребляли до 60% всех должностных лиц. Среди солдат и офицеров курение опиума было повальным явлением. Китайский народ был почти полностью деморализован. В поддержку войны высказались Соединённые Штаты Америки. Войны закончились поражением Китая.

37. С середины XIX и до начала XX века Китай вынужден был подписать неравноправные договоры с Японией, США и странами Европы. В результате государство потеряло многие морские порты, оказалось изолированным во внешней политике, в страну хлынул поток миссионеров, не всегда с должным уважением относившихся к местной культуре и религиозным традициям. Начались массовые выступления китайцев против обнаглевших поработителей, которые вошли в историю как Боксёрское восстание (*1898–1901*).

В мае 1900 года восставшие китайцы сожгли храм и школу русской православной миссии на севере Китая, в Мукдене произошла череда убийств и нападений на иностранцев и китайцев-христиан. Россия объявила мобилизацию и ввела войска на север Китая.

17 июня 1900 года отряд мусульманской карательной армии Гансу, образованной за полвека до этого Цзо Цзунтаном (*1812–1885*), поддерживавшим деловые контакты с французскими промышленниками, атаковал немецкое посольство. Посол Клеменс фон Кеттелер (*Clemens August Freiherr von Ketteler; 1853–1900*) приказал охране стрелять в нападавших. 20 июня по дороге в китайское Министерство иностранных дел фон Кеттелер был застрелен в упор капралом китайской армии.

Помимо России и Германии, США, Великобритания, Франция, Япония, Австро-Венгрия и Италия ввели свои войска для «*защиты христиан*».

27 июля 1900 года перед отправляющимся в Китай экспедиционным корпусом император Германии Вильгельм II произнёс в Бремерхафене торжественную речь, в которой он, якобы, сказал: «*Как некогда гунны под водительством Аттилы стяжали себе незабываемую в истории репутацию, также пусть и Китаю станет известна Германия, чтобы ни один китаец впредь не смел косо взглянуть на немца*». Этот пассаж появился в нескольких местных газетах. Представители императора отрицали, что он в своей речи призывал к неоправданной жестокости по отношению к рядовым китайцам. Но пропагандистский трюк сработал. «*Гун*» стало синонимом «*немца*» в англо- и франкоязычной бульварной прессе. Во всех жестокостях войн, в том числе и мировых XX-го столетия, обвинялись исключительно немцы.

38. Баронет (*Baronet*) – владелец британского наследуемого аристократического титула, который называется баронетство (baronetcy). «1st Baronet» означает, что его владелец – первый в роду обладатель такого титула.

39. *Knight Commander of the Order of the Bath (KCB; Рыцарь-Командор Ордена Бани)* – британский рыцарский орден. Название происходит от древнего обряда, когда претендентов подвергали ночному бодрствованию с постом, молитвой и купанием накануне получения рыцарства.

40. *Companion of the Star of India (CSI; Кавалер Ордена Звезды Индии)* – рыцарский орден, основанный британской королевой Викторией 25 июня 1861 года.

41. *Бардовик (Bardowick)* – поселение на севере Нижней Саксонии. В IX–XII веках считался самым богатым городом Северной Германии, пока в 1189 году не был разрушен его владельцем Генрихом Львом, перед которым однажды горожане закрыли ворота.

42. В начале XII века в некоторых государствах Немецкой империи появились в обращении суррогатные деньги, которые позже стали называться брактеатами (*лат. bractea «жесть»*). Они представляли собой плоские тонкие монеты из золота или серебра с чеканкой на одной стороне. Брактеаты каждый год девальвировались в виде «сбора на чеканку». Таким образом, частично восполнялось налогообложение. Такой инфляционный механизм не способствовал накоплению капитала у населения, не стимулировал формирование «среднего класса» и объективно увеличивал пропасть между «низшими» и «высшими» сословиями Империи.

43. Несмотря на распространённое мнение о том, что название ганзейской конторы в Лондоне Stalhof означает «стальной двор» (*на английский переводится также, как steelyard ‚стальной двор'*), логичнее всё же предположить, что первоначальное значение Stalhof – «постоялый двор»; ср. в немецком *Stall ‚хлев, конюшня'*, которое может быть переосмыслено и как «*пристанище для людей*». Ганзейские купцы, в основном, торговали в Лондоне вином, зерном, лесом и тканями, но не сталью. Примечательно, что английское stall ‚торговая палатка, торговое место' созвучно немецкому Stall.

44. В X–XV веках в Восточной Европе существовало не менее 150 государственных образований (княжеств, республик, уделов, земель), находившихся в разной степени зависимости друг от друга. *См., в частности: Вальтер Фризен: Империя знаний; стр. 165–179.*

45. „Куликовская битва – одно из самых известных событий средневековой истории Руси. И при этом одна из самых грандиозных мистификаций, свершённых из идеологических соображений." – Звягин Ю. Ю.: Загадки поля Куликова; http://www.e-reading.club/bookreader.php/1001270/Zvyagin_Yuriy_-_Zagadki_polya_Kulikova.html

46. Мамай (*1335–1380*) с 1357 года управлял администрацией Золотой Орды, в его функции входило руководство армией, внешними делами и верховным судом. Он не был прямым потомком Чингисхана (*1155–1227*) и официально не мог быть ханом Золотой Орды, хотя долгое время именно он был её фактическим правителем. Во внешней политике Мамай ориентировался на сближение с европейскими государствами, прежде всего – с Генуей, Венецией и Великим княжеством Литовским.

47. Ягайло (*Jogaila; 1362–1434*) – великий князь литовский в 1377–1381 и 1382–1392 годах, король польский под именем Владислав II Ягелло (*Władysław II. Jagiełło*) с 1386 года, родоначальник королевской династии Ягеллонов, правившей в государствах Центральной Европы в XIV–XVI веках.

48.

LXVI

49. В XIV и XV веках конфедерация «Арагонская корона» (*Corona d'Aragón*) под эгидой королей Арагона контролировала значительную часть современной восточной Испании, юго-восточной Франции, а также некоторые основные острова и значительные материковые территории Средиземноморья, простиравшиеся вплоть до Греции. Государства, составлявшие «Корону», подчинялись воле короля.

50. Центром добычи серебра являлась Сребреница. Первые исторические записи о серебряных рудниках на месте современной Сребреницы оставили римляне, основавшие здесь колонию Домавия (*Domavium)*, которая вскоре стала называться Аргентария от Аргентум (*Argentum*) – ‚серебро'. В средние века закрепилось название Сребреница. В течение XIV века в Сребреницу переселилось много немецких специалистов, которых называли саксонцами (*Sachsen*).

51. Болгарский царь Иван Шишман (*1350–1395*), рождённый от брака его отца, царя Иоанна-Александра (?–1371) с еврейкой Сарой-Теодорой, правил в 1371–1395 гг. вместе с братом Иоанном-Срацимиром (1324–1396).

52. См. пояснение 49.

53. Малая Польша (*Małopolska*) – историческая область на юго-востоке Польши. Столицей Малой Польши считается Краков. В состав Малопольской провинции, помимо собственно самой Малой Польши, входила также часть территории современной Украины.

54. Великая Польша (*Wielkopolska*) – историческая область на западе Польши в бассейне реки Варта. В 1138 году на этих землях возникло Великопольское княжество. Князь Великопольский Пржемыслав II в 1295 году короновался королём Польши, однако после его смерти в 1296 году центр борьбы за объединение польских земель перешёл к Малой Польше. Великопольское княжество было окончательно присоединено к Польскому королевству в 1314 г.

55. Магнаты в Польско-Литовском государстве – вельможи, духовные и светские советники (*радные паны*) и знатнейшее шляхетство. Их интересы нередко переплетались с интересами финансового и промышленного капитала.

56. Флори́н (*итал. Fiorino*) – золотая монета, весом в 3,53 грамма, которая начала чеканиться во Флоренции в 1252 году. Позже флорины стали выпускать в других странах.

57. В 1378 году, после смерти папы римского Григория XI, начался раскол в католической церкви. Сразу два (*а с 1409 года – три*) претендента объявили себя истинными папами.

58. В 1378 году главой венгерской католической церкви был заключён церковный «брак на будущее» (*sponsalia de futuro*) между Ядвигой и Вильгельмом. По достижению ими совершеннолетия он должен был быть подтверждён «настоящим» бракосочетанием.

59. Га́бсбурги (*нем. Habsburger*) – одна из наиболее могущественных монарших династий Европы на протяжении Средневековья и Нового времени. С 1438 по 1806 годы Габсбурги занимали престол Немецкой империи, затем, до 1918 года, являлись императорами Австро-Венгерской империи.

60. Ядвига помогала бедным и незадолго до смерти продала все свои драгоценности с целью преобразовать и расширить Краковский университет. Родив в 1399 году дочь, которая через месяц умерла, 17 июля 1399 умерла и сама Ядвига. Она была похоронена с простым деревянным шаром и деревянным жезлом вместо скипетра и державы.

61. До Кревской унии (*см. пояснение 62*) в Великом княжестве Литовском население северо-запада сохраняло традиционное язычество, а другая часть государства ещё в период Киевской Руси (988?) была крещена в православие.

62. Кревская уния 1385 года – соглашение о династическом союзе между Великим княжеством Литовским и Польшей, по которому литовский великий князь Ягайло вступал в брак с польской королевой Ядвигой, коронованной как "король". При этом Ягайло обязался перевести Литву на латинский алфавит; использовать все возможные средства для возвращения утраченных Польшей земель; увеличить количество пленных; перейти в католицизм и обратить в него своих братьев, бояр и народ; присоединить к Польскому Королевству русские земли, выплатить бывшему жениху Ядвиги герцогу Вильгельму 200 тысяч флоринов в качестве компенсации за нарушение брачного соглашения.

Войска, законодательство и судебная система, а также казна (включая денежную эмиссию) оставались раздельными, сохранялась и граница между государствами с взиманием таможенных сборов.

63. Привиле́й (*от лат. privilegium; польск. Przywilej*) – законодательный акт в Королевстве Польском и Великом княжестве Литовском, представлявший собой жалованную грамоту, дававшуюся монархом отдельным лицам, сословиям, этноконфессиональным группам или землям.

LXVII

64. Тохтамыш (*?–1406*) – хан Золотой Орды в 1380–1395 годах. После поражения от Тамерлана (*1336–1405*) в Битве на Тереке (*15 апреля 1395 года*) Тохтамыш потерял престол, после чего бежал с семьёй в Киев к великому князю литовскому Витовту.

65. Битва при Никополе – крупное сражение между объединёнными силами Венгрии, Франции, Венеции и Ордена госпитальеров, с одной стороны, и войском турецкого султана Баязида I (*1357–1403*), с другой, состоявшееся 25 сентября 1396 года в северной Болгарии близ города Никополь. Решающую роль в победе турок сыграли сербские рыцари короля Стефана Лазаревича (*1374–1427*), вассала Османской империи. В результате турки упрочили свою власть на Балканах, став ещё большей угрозой для Центральной Европы. Болгария до 1878 года стала провинцией Османской империи.

66. Польско-Литовский союз (*Unia polsko-litewska*) – военно-политическое объединение Королевства Польского (*Królestwo Polskie*) и Великого княжества Литовского (*Великое князство Литовское, Русское, Жомойтское и иных*) в конце XIV–XVI веках, которое в 1569 году привело к образованию объединённого государства, известного как Речь Посполитая (*Rzeczpospolita Korony Polskiej i Wielkiego Księstwa Litewskiego*).

67. Жемайтия (*ранее Жмудь, лит. Žemaitija, жем. Žemaitėjė, лат. Samogitia*) – регион на северо-западе современной Литвы. Жемайтия долго отстаивала свою традиционную языческую религию и свою независимость от литовцев, поляков и немцев.

68. Претенденты на трон императора Немецкой империи (= *Священной Римской империи*) после своего избрания (*обычно при жизни отца императора*) и до принятия имперской короны от римского папы назывались королями, официально – римскими, фактически – немецкими.

69. С 16 ноября 1414 по 22 апреля 1418 года в Констанце проходил XVI Вселенский Собор католической церкви, созванный папой Иоанном XXIII по настоянию императора Сигизмунда I Люксембургского. Собор восстановил единство католической церкви.

70. Пя́сты (*польск. Piastowie*) – первая польская княжеская и королевская династия. Легендарным основателем династии был крестьянин Пяст. Первый исторически достоверный князь династии Пястов – Мешко I (*Mieszko I; ок. 935–992*). Он принял римско-католическое христианство как государственную религию. Его сын Болеслав I Храбрый (*Bolesław I Chrobry; ок. 967–1025*) незадолго до смерти принял королевский титул.

71. В XIV–XV вв. в пределах Немецкой империи существовали многие десятки больших и малых государств, обладавших разной степенью самостоятельности. Пруссия и Ливония формально не являлись субъектами Немецкой империи, но были с ней тесно связаны духовно, экономически и, по большей части, политически.

72. Сейчас Танненберг (*Tannenberg*) – село Стембарк (*польск. Stębark*) – село в гмине Грунвальд, Острудском повете Варминьско-Мазурского воеводства Польши. Грюнвальд (*польск. Grunwald*) – ныне также село в Острудском повете Варминьско-Мазурского воеводства Польши и одновременно – центр гмины Грунвальд.

73. В 1410 году было 4 «римских папы»:
- Бенедикт XIII (*1328–1423 года*) – папа с 1394 года до смерти,
- Григорий XII (*1325–1417*) – папа с 1406 года по 1415 год,
- Александр V (*1339–1410*) – папа с 26 июня 1409 года по 3 мая 1410 года,
- Иоанн XXIII (*1370–1419*) – папа с 17 мая 1410 по 29 мая 1415.

74. 17 июня 1397 года 67 представителей Дании, Швеции и Норвегии подписали в Кальмарском замке (*швед. Kalmar slott*) союзный договор. Датские короли становились во главе объединённого государства, которое просуществовало до 1523 года. Страны сохраняли широкую автономию.

75. Село Gronówko (*Grunenfeld*) расположено сейчас в волости Бранево (*gmina wiejska Braniewo*) Варминьско-Мазурского воеводства (*województwo warmińsko-mazurskie*) Польши.

76. Комтур (*Komtur*) – руководитель комтурства (*Kommende*), минимальной административной единицы Немецкого ордена.

77. Руины замка Бальга (*Burg Balga*) сейчас находятся на территории приграничного с Польшей города Мамоново (*Heiligenbeil*) Калининградской области России.

78. См. пояснение 68.

79. Стефан Лазаревич принимал участие в качестве османского вассала во всех битвах султана Баязида I, любимой женой которого стала его младшая сестра Оливера (*Оливера Лазаревић, 1373–1444*).

Лазаревич также вступил в рыцарский Орден Дракона (*Drachenorden*), основанный в 1408 году Сигизмундом I Люксембургом для защиты католической церкви.

80. В обязанности маршала (*Marschall*) Немецкого ордена входило руководство военными операциями.

81. Затем еще 3 года Генрих отбывал заключение в Бранденбурге (*1421–1424*), после чего был освобождён верховным управляющим (великим магистром) ордена Паулем фон Русдорфом (*Paul von Rusdorf; 1385–1441*) и отправлен в качестве брата-рыцаря в замок Лохштедт (*Lochstädt, сейчас – Павлово, район Балтийска (Pillau) Калининградской области России*).

Михаэль Кюхмайстер фон Штернберг через 8 лет отказался от власти из-за того, что не смог найти иного пути в политике, кроме как продолжить путь, избранный фон Плауэном.

28 декабря 1429 года Генрих фон Плауэн умер. Его тело было погребено в Мариенбурге вместе с останками других великих магистров.

82. Лен – территория, которая пожалована вассалу хозяином (верховным правителем) в пользование и распоряжение ею.

83. Терра Мариана (*Terra Mariana «Земля девы Марии», то есть территория, находящаяся под особым покровительством Матери Божьей*) – официальное название средневековой Ливонии. В 1207 году эта территория была объявлена княжеством в составе Священной Римской империи, а в 1215 году папа Иннокентий III (*1161–1216*) провозгласил эти земли владением Святого Престола.

84. Рижское архиепископство (*лат. Archiepiscopatus Rigensis, нем. Erzbistum Riga*) было образовано в 1186 году бременскими миссионерами и являлось самым крупным средневековым духовным княжеством. Рижского архиепископа, который главенствовал над епископами Ливонии и Пруссии, назначали папа римский и император Немецкой империи. До 1201 года резиденция епископа находилась в Икскюле (*нем. Uexküll, сейчас латышский город Ikšķile*), затем была перенесена в Ригу, а государство получило название Рижского епископства (*лат. Ecclesia Rigensis*). Архиепископство занимало территорию площадью около 18.400 км².

85. Дерптское епископство (*лат. Ecclesia Tarbatensis, нем. Bistum Dorpat*) было духовно-феодальным княжеством в юго-восточной части современной Эстонии. Оно существовало в 1224–1558 годах. Центр находился в городе Дерпте (*нем. Dorpat, русск. Юрьев, сейчас эстонский город Tartu*). Площадь Дерптского епископства составляла около 9.600 км².

86. Эзель-Викское епископство (*лат. Ecclesia Osiliensis, нем. Bistum Ösel-Wiek*) было духовно-феодальным княжеством, существовавшим в западной, а также островной части современной республики Эстония в 1228–1560 годах. Его столицей был сначала Леаль (*нем. Leal, сейчас эстонский Lihula*), с 1251 года – Старый Пярну (*ныне – городище в окрестностях эстонского Пярну/Pärnu*), около 1265 года столица епископства переместилась в город Гапсаль (*нем. Hapsal, сейчас эстонский Haapsalu*), затем на островную крепость Аренсбург (*нем. Arensburg, сейчас эстонский Kuressaare*). Общая площадь епископства составляла 7.600 км².

87. Курляндское епископство (*лат. Episcopatus Curoniensis, нем. Bistum Kurland*) существовало как автономное государственное образование в составе Ливонии в 1234–1559 годах. Его столицей был Пилтен (*нем. Pilten, сейчас латышский город Piltene*). Площадь Курляндского епископства составляла 4.500 км².

88. Эстляндия (*дат. Hertugdømmet Estland ‚Эстонское герцогство', лат. Ducatus Estoniae*) – владение королевства Дания, существовавшее с 1219 по 1346 годы со столицей в Таллине (*название города Tallinn, вполне вероятно, происходит от датского Taanilinn(a), ‚датский город', нем. Reval, русск. Колывань*).

89. См. пояснение 23 к главе «Халифат».

90. См. пояснения 24, 25 к главе «Халифат».

91. См. ниже по тексту.

92. См. ниже по тексту.

93. Ахмат (*?– 1481*) был последним ханом Большой Орды, в политической зависимости от которого находились московские князья. Он противился независимости Крыма, ханы которого заключили союз с Иваном III и нашли поддержку у турецкого султана Мехмеда II (*1432–1481*). Проигранное противостояние в итоге привело к гибели Большой Орды.

94. Большинство историков полагают, что в 1476 году Иван III прекратил уплату дани хану Золотой Орды. Некоторые русские летописи повествуют, что Ахмат в 1480 году в ходе переговоров упрекал Ивана III в неуплате дани девятый год, то есть, накануне сражения под Алексином в 1472, когда московскими войсками были пресечены попытки войск Большой Орды форсировать пограничную реку Оку[LXVIII]. В 1480 году новая попытка наказать вышедшее из-под контроля Великое княжество Московское закончилось лишь демонстрацией сил с обеих сторон – «*Стоянием на реке Угре*». До сражения дело так и не дошло.

95. Ди́скос (*греч. Δίσκος, ‚круглое блюдо'*) — символизирует Вифлеемские ясли, а также гроб, в котором было погребено тело Иисуса Христа. Является важным элементом православного богослужения.

96. Поти́р (*греч. Поτήρ ,чаша'*) – сосуд для христианского богослужения, применяемый при освящении вина и принятии причастия.

97. Основанная Ягайло (*1362–1434*) королевская династия Ягеллонов (*польск. Jagiellonowie*) правила в государствах Центральной Европы в XIV–XVI веках. Помимо самого Ягайло представители династии были:

- великими князьями литовскими в 1440–1572 годах,
- королями польскими в 1434–1572 годах,
- королями венгерскими в 1440–1444 и 1490–1526 годах,
- королями хорватскими в 1440–1444 и 1490–1526 годах,
- королями чешскими в 1471–1526 годах.

98. Король Матьяш I Корвин (*Матьяш Хуньяди*) летом 1464 года вынудил турок снять осаду с боснийской крепости Яйце (*босн. Jajce*) и освободил Сребреницу. В следующем году он поставил свои гарнизоны в Боснии, по реке Неретва (*Neretva*), на территории турецкого вассала, герцога Степана Вукчича Косача (*босн. Stjepan Vukčić Kosača; 1404–1466*).

99. Во время правления короля Матьяша в целом сохранялось перемирие с турками, случались лишь их спорадические набеги. Он придерживался мысли, что Венгрия не в состоянии остановить турецкую экспансию самостоятельно, и для эффективного противостояния растущей мощи Османской империи необходимо создать единую Дунайскую монархию, которая объединила бы государства Центральной Европы на правах личной унии.

Некоторые современники считали, что венгерский король стал фактически пособником турок. В 1471 году возникло антикоролевское движение знати, обеспокоенной политикой Матьяша I Корвина. Идейными вдохновителями движения стали поэт Янус Паннониус (*лат. Janus Pannonius, венг. Csezmiczei; 1434–1472*) и его дядя – венгерский архиепископ, канцлер Янош Витез (*János Vitéz; 1408–1471*).

100. Звание имперского князя (*Reichsfürst*) присваивалось императором Немецкой империи. Имперские князья принимали участие в заседаниях высшего сословно-представительного и законодательного органа власти Империи – рейхстаге (*Reichstag*).

101. Формально Псковская республика перестала существовать в 1510 году, когда великий князь московский Василий III (*1479–1533*) прибыл в Псков и объявил его своей вотчиной, тем самым положив конец и Псковской республике. Вече было распущено. Богатые псковские семьи были высланы из города, а их имения распределены между московскими служилыми людьми.

102. Император Немецкой империи Фридрих III (*Friedrich III.; 1415–1493; император с 19 марта 1452 года*).

103. Касимовское царство или Касимовское ханство (*тат. Касыйм ханлыгы*) существовало в 1452–1681 годах в западной части нынешней Рязанской области. В нём правили татарские «цари», переходившие на службу к великим московским князьям.

104. Максимилиан I (*Maximilian I; 1459–1519*) – король Германии (римский король) с 16 февраля 1486 года, император Немецкой империи с 4 февраля 1508.

105. Елена (*1476–1513*) – дочь Ивана III Васильевича и византийской принцессы Софии Палеолог (*1455–1503*). С 1495 года – жена великого князя литовского Александра Ягеллончика (*Aleksander Jagiellończyk; 1461–1506*).

106. Формулировка титула напоминает ситуацию, имевшую место два столетия спустя, когда в 1701 году курфюрст Бранденбурга Фридрих III самолично надел на себя королевскую корону в Кёнигсберге, столице Герцогства Пруссия, и стал именоваться Фридрихом I, королём в Пруссии (*Friedrich I., König in Preußen*), но не Пруссии. Современниками же герцогство не сразу было признано королевством, несмотря на то, что первым лицом в нём был король.

107. Дети польского короля Казимира IV:
1. Владислав Ягеллон (*1456–1516*), король Чехии с 1471 года, избран королём Венгрии 15 июля 1490 года, за день до прибытия посольства Максимилиана I в Москву; коронован 21 сентября 1490 года;
2. Ян Альбрехт (*1459–1501*) – будущий король Польши (*с 23 сентября 1492 года*);
3. Александр Ягеллон (*1461–1506*), наследовал отцу как великий князь литовский, после смерти брата Яна Альбрехта стал также королём Польши;
4. Сигизмунд I (*1467–1548*), после смерти брата Александра стал королём Польши и великим князем литовским;
5. Фредерик Ягеллон (*1468–1503*) – епископ краковский (*1488*). 20 сентября 1493 года скандально известный римский папа Александр VI (*Alexander PP. VI; в миру – Родриго Борджиа; 1431–1503*) провозгласил его кардиналом, а через полмесяца – 2 октября 1493 – Фредерик был избран архиепископом гнезненским, который имел почётное верховенство относительно других польских архиепископов;
6. Ядвига (*1457–1502*), с 1475 года – жена Георга Богатого (*1455–1503*), герцога Ландсхут-Баварского;
7. София (*1464–1512*), с 1479 года – жена Фридриха (*1460–1536*), маркграфа Бранденбург-Ансбаха и Байрейта, мать последнего верховного управляющего Немецкого ордена и первого герцога Пруссии Альбрехта Бранденбург-Ансбахского (*1490–1568*);
8. Анна (*1476–1503*), жена Богуслава X, герцога Померанского (*1454–1523*).
9. Барбара (*1478–1534*), с 1496 года – жена герцога Георга Саксонского (*1471–1539*);
10. Елизавета (*1482–1517*), с 1515 года – жена герцога Фридриха II фон Лигниц (*1480–1547*).

108. Подолье – историческая и географическая область (Подольская возвышенность) в юго-западной части современной Украины.

109. Князь Саксонии Фридрих III Мудрый (*Friedrich der Weise; 1463–1525*), который имел право избирать императора, т. е. был курфюрстом (*Kurfürst – ‚князь-выборщик‘*), пользовался большим уважением императора Максимилиана I и всех имперских князей. В 1492 году он начал чеканить так называемые «бородатые гроши» (*Bartgroschen*) со своим изображением (у него была окладистая борода), содержащие 1,308 гр. чистого серебра.

110. В XV веке образованные европейцы и жители Восточной Европы постепенно начали осознавать своё местоположение в географическом пространстве. Европейские картографы, по обычаю арабских, в верхней части карты помещали юг, а не север, что приводило к понятийной неразберихе. Фризы Северной Европы, находившиеся на окраине Немецкой империи, могли отождествляться с окраинным населением её южных пределов. Северная часть современной Италии входила в состав Немецкой империи. В конце XV века много специалистов из «италийских стран» – фрязинов (*исторически слово фрязин писалось через носовую гласную юс (фрѧзин) и произносилось как ‚френзин‘*) – приехало для строительства московского кремля и других фортификационных сооружений. Среди них наиболее известны:
- Иван Фрязин в 1455 году отправился на восток Европы; приняв православие, поступил на службу к Ивану III монетным мастером;
- архитектор и дипломат Антон Фрязин, племянник Ивана Фрязина, работал на Руси в 1469–1488 гг., построил Тайницкую башню Московского кремля;
- Пётр Фрязин (*Petrus Antonius Solarius; ок. 1445–1493*) построил Грановитую палату и башни Московского кремля;
- Людвиг Фрязин из Милана (*Aloisio da Milano; ?–?*) с 1494 по 1519 годы строил Московский кремль;
- Бон Фрязин построил Колокольню Ивана Великого в Московском кремле; строительство

было закончено в 1508 году;
- Людвиг Фрязин «*Новый*» (*?–1531*) построил Архангельский собор в Московском кремле, собор святителя Петра Высоко-Петровского монастыря, храмы Александровской Слободы;
- Пётр Фрязин приехал на Русь в 1494 году, в 1509–1511 годах строил каменный Нижегородский кремль;
- Пётр (*Петрок*) Малой Фрязин в 1532 году заложил Воскресенскую церковь в Московском кремле, в 1535 году начал строительство каменной Китайгородской стены; потом строил земляные крепости в Себеже (*ныне – город на юго-западе Псковской области России*) и Пронске (*ныне – посёлок в Рязанской области России*).

111. Безмонетный период – период в истории денежного обращения Восточной Европы, характеризовавшийся практически полным отсутствием в обращении как иностранных, так и отечественных монет. Начался этот период в XII и фактически закончился в XV веке. См. также 2.3.10.

Источники

I. http://bestia-wm.ru/myisli-vsluh/georgievskaya-lenta.htm

II. Dragases: Википедия; https://ru.wikipedia.org/wiki/Комнины; статус: 12:44, 30 марта 2014.

III. Лобачев Владимир: Википедия; https://ru.wikipedia.org/wiki/Герб_Российской_ империи; статус: 21:36, 16 декабря 2014.

IV. Adelbrecht: Wikipedia; http://en.wikipedia.org/wiki/Holy_Roman_Empire; статус: 23 February 2015, at 22:38.

V. Реляция П. А. Румянцева Екатерине II об успешных действиях отрядов подполковника Ф. И. Фабрициана и капитана Зорина; http://www.vostlit.info/Texts/Dokumenty/Russ/XVIII/1740-1760/ Rumjancev_P_A/Sb_dok_tom_II/101-120/105.phtml?id=

VI. „Die frühe Beteiligung der westfälischen Hansestädte am Nowgorodhandel geht auf ihre alte Handelsverbindung mit den Friesen und Bremern zurück", in: Dösseler, Emil: Soests auswärtige Beziehungen, besonders im hansischen Raum: Einführung und Überblick; Soest: Westf. Verl.-Buchh. Mocker & Jahn (Soester Beiträge); Bd. 49; S. 121 – 122.

VII. Marco Zanoli: Wikipedia; http://de.wikipedia.org/wiki/Deutscher_Orden#/media/File:Deutscher_Orden_in_Europa_1300.png; статус: 30. März 2015 um 13:46 Uhr.

VIII. Wikipedia: https://de.wikipedia.org/wiki/Deutschordensstaat#/media/File:Ordenland 1410.png; статус: 6. März 2015 um 14:31 Uhr.

IX. Haffner, Sebastian: Preußen ohne Legende; Goldmann Verlag 1990; S. 55–56.

X. Greichen, Gisela; Gretschel, Matthias: Die Prussen; Frankfurt am Main: Scherz 2010; S. 62.

XI. Wikipedia: https://upload.wikimedia.org/wikipedia/commons/e/e2/Hanse-Orden.png; ста-тус: am 9. Februar 2015 um 21:19 Uhr.

XII. Boockmann, Hartmut: Deutsche Geschichte im Osten Europas – Ostpreussen und Westpreussen; Berlin: Siedler 1992.

XIII. Dollinger, Philippe: Die Hanse; Stuttgart: Kröner, 2012.

XIV. Карл Маркс: Капитал. Критика политической экономии. Том первый. Книга первая; Институт марксизма-ленинизма при ЦК КПСС; стр. 140; http://www.esperanto.mv.ru/Marksismo/ Kapital1/kapital1-03.html#c3 .

XV. Там же.

XVI. Krug, Gerhard: Die meißnisch-sächsischen Groschen 1338–1500, Berlin 1974, S. 17.

XVII. Pittioni, Manfred: Genua – die versteckte Weltmacht. 1000–1700; Wien: Mandelbaum 2011; S. 69.

XVIII. Греков Игорь Борисович: Восточная Европа и упадок Золотой Орды (на рубеже XIV–XV вв.); Москва: Наука – Главная редакция восточной литературы 1975; стр.: 152–153.

XIX. Шабульдо Феликс Михайлович: Земли Юго-Западной Руси в составе Великого княжества Литовского; Киев: Наукова думка 1987; http://krotov.info/lib_sec/25_sh/sha/buldo_01.htm
XX. Карл Маркс: Капитал. Критика политической экономии. Том третий; Институт марксизма-ленинизма при ЦК КПСС; стр. 651–652; http://www.esperanto.mv.ru/Marksismo/Kapital3/kapital3-36.html
XXI. Коряков Юрий: Википедия; https://upload.wikimedia.org/wikipedia/commons/a/a9/VKL-1462-ru.png; статус: 03:41, 9 апреля 2015.
XXII. Fakirbakir: Wikipedia; http://en.wikipedia.org/wiki/Louis_I_of_Hungary; статус: 9 April 2015, at 02:40.
XXIII. Patai, Raphael: The Jews of Hungary: History, Culture, Psychology; Detroit: Wayne State University Press 1996; p. 57.
XXIV. Гришин Я. Я.: Из истории татар Литвы и Польши (XIV в. – 30-е годы XX века); Казань 2009.
XXV. Urban, William L.: Tannenberg and After: Lithuania, Poland and the Teutonic Order in Search of Immortality; Chicago: Lithuanian Research and Studies Center 2003; p. 149.
XXVI. Ekdahl, Sven: The Battle of Tannenberg-Grunwald-Žalgiris (1410) as reflected in Twentieth-Century monuments; in: Victor Mallia-Milanes, Malcolm Barber et al.: The Military Orders Volume 3. History and Heritage. Ashgate Publishing 2008; p. 175.
XXVII. Voigt, Johannes: Namen-Codex der deutschen Ordens-Beamten, Hochmeister, Landmeister, Großgebietiger, Komture, Vögte, Pfleger, Hochmeister-Kompane, Kreuzfahrer und Söldner-Hauptleute in Preußen; Königsberg 1843; Nachdruck: Sändig Verleg. 1971; S. 20.
XXVIII. Wikipedia: http://en.wikipedia.org/wiki/St%C4%99bark; статус: 27 April 2015, at 09:10.
XXIX. Wikipedia: http://en.wikipedia.org/wiki/Gron%C3%B3wko,_Warmian-Masurian_Voivodeship; статус: 3 January 2015, at 18:27.
XXX. Turnbull, Stephen R.: Tannenberg 1410 : Disaster for the Teutonic knights; Oxford : Osprey 2003; S. 68.
XXXI. Wikipedia: https://en.wikipedia.org/wiki/Royal_Prussia; статус: 15 May 2015, at 12:51.
XXXII. myself: Wikipedia; ru.wikipedia.org/wiki/Датская_Эстляндия.
XXXIII. Wikipedia: https://de.wikipedia.org/wiki/Livland; статус: 15. Mai 2015 um 18:46 Uhr.
XXXIV. Константин Шурыгин: Артиги Ливонского ордена; http://ezhe.ru/ib/issue865.html
XXXV. Алиев Р.Д.: Посольство Н. В. Беклимишева к Менгли Гираю I. Русско-крымский договор 1474 года; http://handvorec.ru/doc/JPEG/Aliyev_posolstvo.pdf .
XXXVI. "Sultan Bayezid also war mehr dem Friede zugeneigt als dem Kriege" / «Султан Баязид был более склонен к миру, чем к войне», в: Leben und Taten der türkischen Kaiser. In der Reihe von Richard Franz Kreutel (Herausgeber): Osmanische Geschichtsschreiber. Band 6, Verlag Styria, Graz/Wien/Köln 1971, S. 190.
XXXVII. Карамзин Николай Михайлович: История государства Российского; Том 6, Глава 4; http://www.bibliotekar.ru/karamzin/55.htm
XXXVIII. Смирнов, В.Д.: Крымское ханство XIII – XV вв; Москва: Вече 2011; стр. 129.
XXXIX. Там же.
XL. Карамзин Николай Михайлович: История государства Российского; Том 6, Глава 4; http://www.bibliotekar.ru/karamzin/55.htm
XLI. Памятники дипломатических сношений древней России с державами иностранными. Часть первая: Сношения с государствами европейскими: Памятники дипломатических сношений с Империей Римской; том I; С. Петербург 1851; столбцы 9-10.
XLII. Там же; столбец 10.
XLIII. Там же; столбцы 15-16.
XLIV. Там же; столбцы 19-20.

XLV. Карамзин Николай Михайлович: История государства Российского; Том 6, Глава 4; http://www.bibliotekar.ru/karamzin/55.htm .
XLVI. Карнович Е. П.: Родовые прозвания и титулы в России и слияние иноземцев с русскими; Москва: Издательство ЛКИ 2007; стр. 239 – 240.
XLVII. http://gramoty.ru/index.php?no=753&act=full&key=bb.
XLVIII. Winckler, Artur: Die Deutsche Hansa in Rußland. – Berlin : Prager, 1886
XLIX. Памятники дипломатических сношений...; столбец 70.
L. Там же; столбец 69.
LI. Там же; столбец 27.
LII. Там же; столбец 37.
LIII. Fürst Lichnowsky, Eduard Maria von: Geschichte des Hauses Habsburg. Achter Theil: Kaiser Friedrich III. und sein Sohn Maximilian 1477 – 1493; Wien: Schaumburg und Compagnie1844; S. DCCLII.
LIV. Arno Mentzel-Reuters: Der Kreuzzug des Deutschen Ordens zum Dnjestr (1497). Protokoll einer Katastrophe; The Steppe Lands and the world beyond them; Studies in honor of Victor Spinei on his 70th birthday; Iaşi: Editura Universităţii “Alexandru Ioan Cuza” 2013; http://www.mgh-bibliothek.de/dokumente/b/b072335.pdf ;
см. также: http://www.regesta-imperii.de/regesten/14-1-0-maximilian/nr/1495-03-0_2_0_14_1_0_1484_1481.html?tx_hisodat_sources[%40widget_0][currentPage]=30&cHash=9f507b02eb84952826397a3cd0f7b073 .
LV. Памятники дипломатических сношений...; столбец 75.
LVI. Там же; столбец 93.
LVII. Dbenbenn and others: Wikipedia; https://commons.wikimedia.org/wiki/File: Flag_of_Albania.svg ; скачано 22.05.2016 в 19:00.
LVIII. Vectorized by B1mbo edit by: User:Froztbyte: Wikipedia; https://commons.wikimedia.org/wiki/File:Coat_of_arms_of_Montenegro.svg ; скачано 22.05.2016 в 19:15.
LIX. Madden: Wikipedia; https://commons.wikimedia.org/wiki/File:Coat_of_arms_of_Serbia_small.svg ; скачано 22.05.2016 в 20:00.
LX. F l a n k e r: Wikipedia; https://commons.wikimedia.org/wiki/File:Flag_of_the_Greek_Orthodox_Church.svg ; скачано 22.05.2016 в 20:15.
LXI. Alexander Altenhof (KaterBegemot): Wikipedia; https://commons.wikimedia.org/ wiki/File:Europe_1812_map_de.png ; скачано 23.05.2016 в 13:00.
LXII. Renata3: https://commons.wikimedia.org/wiki/File:Altpreu%C3%9 Fische_Landschaften_im_13. _Jahrhundert.png ; скачано 23.05.2016 в 13:00.
LXIII. Использована карта: Wiglaf: https://commons.wikimedia.org/wiki/File: Chernyakhov.PNG
LXIV. Andrein: https://ru.wikipedia.org/wiki/Руги#/media/File:Roman_Empire_125.png
LXV. Dimitrius: https://commons.wikimedia.org/wiki/File:Przeworsk_culture_map_bel.svg ; скачано 23.05.2016 в 15:05.
LXVI. Koryakov Yuri: Wikipedia; https://commons.wikimedia.org/wiki/File:Muscovy_1300-1462.png ; скачано 23.05.2016 в 15:15.
LXVII. M.K.: Wikipedia; https://commons.wikimedia.org/wiki/File:Lietuva_ir_Lenkija.Lithuania_and_Poland_1387.png ; скачано 23.05.2016 в 15:15.
LXVIII. Горский А. А.: Русь: от славянского Расселения до Московского царства; http://statehistory.ru/books/Anton-Gorskiy_Rus-Ot-slavyanskogo-Rasseleniya-do-Moskovskogo-tsarstva/20 .

3. ГЕНОЦИД

3.0. Немцы – коренное сословие Руси

3.0.1. По подсчёту автора, в X–XV веках на территории полиэтничной Восточной Европы в разное время существовало 163 княжества и 3 республики: Вологодская (*1433–1481*), Псковская (*XI век–1510*), Новгородская (*882–1478*)[1]. Эти государства, обладавшие разной степенью взаимозависимости друг от друга, не могли не общаться со своими западными соседями – немцами[2]. Таковыми русские летописцы называли не только подданных Священной Римской империи, говоривших на германских языках и наречиях, но и датчан, которые при Кнуде Великом (*1014–1036*)[3], завоевав северную часть современой Эстонии, начали торговать с Русью[4]. Интересную информацию о ранних этапах взаимоотношений «русских» и «немцев» содержат летописи Смоленска, Пскова, Новгорода и акты съездов северо-немецких городов Ганзейского союза.

3.0.2. Трудно точно назвать год, когда немецкие купцы с их товарами впервые появились в Новгороде. В 1023 году союзник Генриха II[5] князь Ярослав[6] издал наставление по поводу строительства и эксплуатации моста через Волхов. В нём, помимо прочих, упоминаются немцы, которые жили в особой слободе вблизи реки. К концу двенадцатого столетия немцы уже были владельцами собственных торговых подворий в Новгороде. Члены немецкой колонии в Висбю[7] стали совладельцами подворья Святого апостола Петра[8], которое было основано купцами, приехавшими из пределов Империи[9]. Центральным его местом стала возведённая в 1184 году церковь Святого апостола Петра. Поблизости от немецких подворий находилось представительство готландцев[10] с церковью святого Олафа[11] – старейшее представительство иностранцев в городе[I].

3.0.2.1. Весной 1199 года был подписан договор между Новгородом и «*всеми немецкими сынами и с готами, и со всем латинским речением*»[12]. Отныне должны были жить в мире и безопасности немцы и готы в Новгороде, новгородцы в немецкой земле, а также на «*готском берегу*», и не притесняться в случае возникновения конфликтов.

3.0.2.2. Гражданам вольного Новгорода немцы оказали действенную помощь во время голода 1230 года. Тогда его жертвами стали пятьдесят тысяч человек. «*«Новгород уже кончался», по словам летописи... Но великодушная дружба иноземных купцов отвратила сию погибель. Сведав о бедствии Новгородцев, Немцы из-за моря спешили к ним с хлебом и, думая более о человеколюбии, нежели о корысти, остановили голод, скоро исчезли ужасные следы его, и народ изъявил живейшую благодарность за такую услугу*»[II].

3.0.3. Немцы – коренное деловое высокородное сословие Руси

В 1229 году смоленский князь Мстислав Давыдович[13], одновременно и по поручению князей полоцкого и витебского, отправил посольство в Ригу и Висбю, чтобы «*уладить царящие с обеих сторон раздоры*» и «*устранить препоны, стоящие между смоленчанами и немцами*». Переговоры от имени немцев вёл рыцарь Рольф фон Кассель (Rolf von Kassel), от имен русских – смоленчанин Тумаш Михайлович. «*Чтобы взаимопонимание господствовало между ними*» – так предворяется документ, написанный на латинском, – «*и чтобы к удовольствию русских купцов в Риге и на готском берегу, а немецким купцам – в Смоленском крае (стало известно), что установлены мир и согласие, и чтобы они были вечными и ими дорожили бы рижане и прочие немцы, плавающие по Балтийскому морю, (договаривающиеся стороны) разработали закон, который обязателен как для русских в Риге и на готском берегу, так и для немцев в Смоленске, и да будет он блюстись вечно*»[III]. Договор, в заключительной части которого каждый русский или латинянин[14], нарушающий его положения, объявлялся злоумышленником, был подписан в Риге в присутствии епископа[15], магистра Ордена меченосцев Фольквина[16] и всех граждан Риги, которые приложили к нему свои печати. Его также подписали главы торговых гильдий Висбю (*Wisby*), Любека (*Lübeck*), Зоста (*Soest*), Мюнстера (*Münster*), Грёнингена (*Gröningen)*, Дортмунда (*Dortmund*) и Бремена (*Bremen*). Экземпляр, предназначенный готландцам, был подписан в Висбю «*русскими посланниками и всеми латинскими купцами*». У немцев, как явствует из этого документа, была собственная церковь в Смоленске, где хранился эталон веса – кап[17], с которым время от времени должны были сверяться на точность находящиеся в обращении меры веса. Со временем преемниками Мстислава Давыдовича договор 1229 года многократно продлевался со всевозможными дополнениями. Пункт, внесённый во второй половине XIII века, закреплял за немцами неограниченное право на владение домами и подворьями, принадлежавших им, где князь не мог расквартировывать «*ни татарина, ни посланника*»[IV]. **Смоленский договор определял социально-правовой статус немцев в значимом восточно-европейском княжестве[18], признавал их деловым высокородным сословием Руси.**

Взаимоотношения русских и немцев в период с середины XIII по конец XV века, а также история Немецкого ордена, являющаяся частью российской, конспективно освещены в главе «Другие Немцы»

3.0.4. 1517 год: военно-политическое партнёрство русских и немцев

3 февраля 1517 года войска турецкого султана Селима I (1470–1520) после битвы при Райданийе (22 января 1517 года) и упорных уличных боёв взяли Каир. Халиф Аль- Мутаваккиля III (?–1543?) был доставлен в стамбульский дворец султана, где, по легенде, передал Селиму I знаки верховного властителя мусульманского мира – плащ и меч пророка Мухаммеда. Таким образом, 9-й султан Османский империи Селим I вроде бы стал 88-ым халифом. Государство турок-османов превратилось в самое сильное исламское государство и одно из самых сильных государств мира. Скоро его воле подчинились и христианские государства Европы; наиболее значимыми геополитическими партнёрами турок стали Франция, Швеция и очень часто руководство польско-литовского государства, которое в ущерб национальным интересам следовало в русле экспансионистских устремлений Османской империи.

3.0.4.1. Территории Немецкого ордена в Пруссии и Ливонии, попавшие в вассальную зависимость от польско-литовского государства, искали поддержку у окрепшей Руси. 24 февраля 1517 года в Москву из Кёнигсберга прибыл посланник верховного управляющего (великого магистра) Немецкого ордена Альбрехт Дитрих Шонберг. 10 марта 1517 года в Москве был заключён союзный договор Великого княжества Московского с Немецким орденом. Великий князь московский Василий III (*1479–1533*), неофициально величавшийся царём, брал Немецкий орден под свою защиту, о чём не преминул сообщить королю Франции Франциску I. Василий III обязался передать Альбрехту денежные средства для найма 10.000 пехотинцев и 2.000 всадников, после чего они должны были начать совместные военные действия против Великого князя литовского и короля польского Сигизмунда I, вынужденного делать постоянные уступки туркам и крымским татарам.

3.0.4.2. В марте 1517 года на Пятом Латеранском соборе[19] Католической церкви Римский папа Лев X провозгласил крестовый поход против турок-османов. Император Немецкой империи Максимилиан I[20] разработал детальный план кампании против турок, предусматривающий участие в совместных боевых действиях «*русских лучников*».

3.0.4.3. Для координации военных приготовлений Максимилиан I отослал в том же 1517 году ко двору Великого князя Московского Василия III (*1479–1533*) обширное посольство во главе с дипломатом, уроженцем современной Словении, бароном Сигизмундом фон Герберштейном[21].

3.0.4.4. Как бы в ответ на это Мартин Лютер, опубликовав 31 октября 1517 года свои знаменитые 95 тезисов[22], начал пропаганду антикатолицизма, приведшего в конце-концов к кровавому расколу христианского мира и ослаблению сил Европы, противостоящих турецкой агрессии. Нашествие турок он объяснял не их очевидными захватническими планами, а некоей Божьей карой (*Geißel Gottes*), был против крестового похода.

3.0.4.5. Осознавая, что сильная Русь на его стороне, верховный управляющий Немецкого ордена Альбрехт потребовал от польского короля возвращение Королевской Пруссии[23] и Вармии[24], а также выплату компенсации за «*пятидесятилетнюю польскую оккупацию*» этих земель в размере 30.000 гульденов в год. Великий князь литовский и король польский Сигизмунд I (*Zygmunt I Stary;1467–1548*) объявил Ордену войну. За Орден заступился папа Лев X[25], обвинивший Польшу в пролитии христианской крови и борьбе с христианским воинством в условиях угрозы вторжения иноверных турок.

3.0.5. Немцы – коренное военно-служивое сословие Руси

3.0.5.1. В апреле 1521 года Сахиб I Герай (*1501–1551*) – младший брат крымского хана Мехмеда I Герая (*1465–1523*), вассала Османской империи, совершил переворот в Казанском ханстве. Юный промосковски настроенный хан Шах-Али (*1505–1566*) был свергнут.

3.0.5.2. Одновременно султан турецкой Османской империи Сулейман I (*1494–1566*), прозванный «Великолепным», начал готовить широкомасштабное наступление в Европе с целью захватить крепость Белград – формальную столицу Сербского государства и важный стратегический пункт для дальнейшей экспансии в Европе. В начале лета 1521 года он выступил в поход. Общеполитическая ситуация, казалось, благоприятствовала захватническим планам турок. Но и спешить им тоже надо было.

3.0.5.3. Несмотря на раскольническую деятельность реформатора христианства Мартина Лютера, объективно ослаблявшую моральный дух и военно-политический потенциал Немецкой империи, глава Немецкой империи король[26] Карл V (*1500–1558*) практически сразу же после своей коронации 23-го октября 1520 года собрал в Вормсе 27 января 1521 года общеимперский рейхстаг. Главным вопросом в повестке высокого собрания, заседавшего до 26 мая 1521 года, была мобилизация сил и средств для отпора турецкой агрессии. Был принят имперский матрикул (*Reichsmatrikel*)[27], предусматривавший порядок формирования имперской армии и уплаты взносов каждой территорией. Начали формироваться вооружённые силы, реально способные остановить захватчиков. 17–18 апреля был также заслушан Мартин Лютер и предан анафеме за раскольническую пропаганду.

3.0.5.4. Но сформировать общеевропейскую антитурецкую коалицию христианских государств не удалось. Конфликт между династией Габсбургов, правившей Немецкой и Испанской империями[28], и Францией за доминирование в Западной Европе вспыхнул с новой силой.

3.0.5.4.1. Ещё в 1515 году французская армия вторглась в Италию и вскоре оккупировала Миланское герцогство, которое юридически было частью Немецкой империи. В это же время английский король Генрих VIII (*1491–1547*) воевал с переменным успехом в северной Франции, пытаясь вернуть утерянные территории.

3.0.5.5. К лету 1521 года крымский хан Мехмед I Герай собрал для похода на Русь огромное войско численностью свыше 100.000 человек. В него, кроме почти всей крымской орды, входили ногаи, казанские татары и польско-литовские отряды.

3.0.5.5.1. 28 июня 1521 года союзное войско подошло к Оке близ Коломны и переправилось через неё. Русские отряды понесли тяжёлые потери и отступили, а крымчане стали грабить окрестности Коломны. Вскоре к ним присоединились казанские войска под руководством Сахиба Герая, по пути разорившие Нижний Новгород и окрестности Владимира. 1 августа неприятель подошёл к Москве.

3.0.5.5.2. Мехмед I Герай требовал, чтобы Василий III признал себя его вассалом и обязался выплачивать дань. Выполнение этого позорного условия означало бы фактически потерю независимости Великого княжества Московского. Но положение было отчаянным, и великий князь скрепил своей печатью кабальную грамоту.

3.0.5.5.2.1. В это же время, 28 августа 1521 года, после семидесятидневной осады турки захватили крепость Белград – важный стратегический пункт для дальнейшей экспансии в Европе. Город был стёрт с лица земли, а христианское население депортировано в предместье Стамбула, известное как «Белградский лес» (*Belgrad Ormanı*).

3.0.5.5.3. В конце лета 1521 года казалось, что в Центральной и Восточной Европе ничто не сможет остановить экспансию турок и их созников. Но случилось невероятное: успехи антирусской коалиции были сведены на нет в результате, казалось бы, сулившей лёгкую победу осады Рязани, которая прикрывала юго-восточные рубежи Московского великокняжества. С её падением Крымское и Казанское ханства образовали бы единое геополитическое пространство под началом протурецкой династии Гераев. К тому же, Василий III документально подтвердил вассальную зависимость Москвы от крымских ханов.

3.0.5.5.4. Оборону города возглавил воевода Иван Васильевич Хабар[29], который не позволил захватить Рязань приступом. Тогда Мехмед Герай повелел ему сдаться, ссылаясь на грамоту Василия III. Хабар потребовал ознакомиться с документом: дескать, ему трудно поверить, чтобы его государь мог пойти на такое. Как только грамота оказалась в руках осаждённых, осаждавших внезапно накрыли артиллерийские залпы, обратившие их в паническое бегство. Летописи сохранили имена главных артиллеристов – немцев Иордана и Никласа. Иван Васильевич Хабар разорвал унизительную грамоту и спас тем самым не только честь великого князя московского, но и оградил Русь от крымско-татарской кабалы.

3.0.5.5.4.1. Этот, казалось бы, частный эпизод военной кампании по сути явился событием эпохальным, в корне изменившим военно-политическую ситуацию в Восточной Европе, и, несомненно, стал воодушевляющим примером для Западной Европы: турок и их союзников можно побеждать. Данный исторический факт одновременно свидетельствует о том, что договорённости между немцами и русскими о совместной борьбе против турок подкреплялись делом. Из источников не следует, были ли немецкие артиллеристы командированными Карлом V военными специалистами или являлись рыцарями Немецкого ордена, ставшего под защиту Великого княжества Московского. Не вызывает сомнения, что **в начале XVI века немцы являлись не только деловым высокородным, но и военнослуживым сословием Руси.**

3.0.6. Союзники

3.0.6.1. Пять лет спустя, вероломно нарушив договорённости с Ягеллонами о разделе сфер интересов, турки напали на Венгрию и нанесли сокрушительное поражение объединённому венгро-чешско-хорватскому войску в Битве при Мохаче (*29 августа 1526 года*), заняли Среднедунайскую равнину, включив в свои владения самое сердце Европы – удобный плацдарм для покорения новых территорий и дальнейшего распространения ислама.

3.0.6.2. 27 сентября 1529 года была осаждена столица Немецкой империи Вена. Благодаря самоотверженной обороне немцев, 14 октября турки вынуждены были отступить, перед этим вырезав всех пленных христиан. Но они не оставили планов покорить

Европу. Лишь открытие второго фронта на Востоке (*Русско-казанские войны 1530–1531 годов*), вынудило их 22 июня 1530 года заключить «*вечный мир*» с Немецкой империей, по которому немцы обязывались выплачивать туркам ежегодную дань в размере 30.000 дукатов. По договору контроль на границе между Немецкой и Османской империями могли исполнять исключительно турецкие чиновники. Особо унизительным было протокольное приравнивание Императора Священной Римской Империи Немецкого Народа к «*Великому Визирю*», что подчёркивало зависимый от турецкого султана статус Императора. Всего лишь через два года, как обычно наплевав на «*вечный мирный договор*», турки опять попытались взять измором Вену, но немцы снова выстояли...

3.0.6.3. «*Для Европы, и в особенности для Немецкой Империи, в XVI веке главным врагом был турецкий султан*» („*Für das Abendland, vor allem für das Deutsche Reich, war im 16. Jahrhundert der türkische Sultan der Feind*“)[V], естественным союзником – Московия, с 16-го января 1547 года ставшая называться Царством Русским. Гуманист и католический богослов, будущий епископ Вены Иоганн Фабер (*Johann Faber; 1478–1540*) еще в 1526 году писал: «*Набожность и аристократические формы государственного управления москвичей являются для немцев хорошим примером для подражания*» („*die Frömmigkeit und die aristokratische Staatsform der Moskowiter den Deutschen als gutes Beispiel vor Augen*“)[VI].

3.0.6.4. После того, как 28 сентября 1538 года выдающийся турецкий флотоводец Хайр-ад-Дин (*1475–1546*), прозванный за его рыжую бороду Барбароссой, в сражении у Превезе (*Seeschlacht von Preveza*) наголову разбил численно превосходившую коалицию флотов христианских государств (Испании, Венеции, Генуи и Папской области), Франция открыто стала поддерживать турок в их антинемецкой политике, фактически создав второй фронт против Немецкой империи на западе. Базой турецких галер в Западном Средиземноморье стал французский порт Тулон. Этот «*святотатственный альянс*» вызвал скандал в христианской Европе и потому редко афишировался. Суть сговора состояла в том, что турки оказывали французам финансовую поддержку и координировали с ними свои боевые действия против Немецкой империи. Французы же старались приурочить турецкие осады Вены к собственным войнам с немцами и позже выступали единым блоком против Российской Империи. В качестве апофеоза франко-турецких союзных отношений можно рассматривать Крымскую войну (*1853–1856*).

3.0.6.5. Единственным и естественным союзником немцев в борьбе с турками становились русские. В 1543 году в качестве пропагандистской листовки было напечатано письмо незадолго до того скончавшегося голландского католического богослова Албертуса Пигхиуса (*Albertus Pighius; 1490–1542*), в котором тот призывал Римского папу заключить с Москвой союз против турок. В том, что Великий князь готов к такому альянсу, католический богослов не сомневался, поскольку он являлся «*дружески к нам расположенным христианским князем*» („*ein uns freundlich gesinnter christlicher Fürst*“)[VII].

3.0.6.6. Дабы укрепить восточный фронт для противостояния турецкой экспансии, немецкий император Карл V и Иоанн IV (*1530–1584*), с 1547 года провозгласивший себя царем Царства Русского, договорились о дополнительном командировании на Русь немецких военных и промышленных специалистов. Кроме этого, царь просил прислать лютеранских богословов, поскольку в то время серьёзно занимался духовным самообразованием.

3.0.6.6.1. Может быть, к такой необычной просьбе его подтолкнуло знакомство с учением профессора богословия Кёнигсбергского университета Андреаса Озиандера (*Andreas Osiander; 1498–1552*), который, в отличие от Лютера, как и Православная Церковь, учил, что греховность не присуща человеку, а является следствием его деятельности (проступков) и может быть искуплена праведными делами: Бог – в самом человеке и присущ ему от рождения: «*...в ком нет Бога – тот не христианин*» („*..wer Gott nicht hat, ist nicht Christi*“)[VIII].

3.0.6.7. Боруссия, в 1525 году ставшая лютеранским Герцогством Пруссия, хоть и как вассал Королевства Польского, по мере сил содействовала укреплению стратегического союза Руси и Немецкой империи, видя в этом залог будущей возможности окончательно скинуть двусмысленную зависимость от католической Польши. В 1546 году Герцог Альбрехт[30] выдал предпринимателю Иоганну Шлитте (*Johann Schlitte*) из Гослара (*Goslar*) рекомендательное письмо к царю Иоанну IV, который, в свою очередь, снабдил Шлитте необходимыми доверенностями на ведение дел по найму специалистов в Немецкой империи. Император Карл V всячески содействовал предприятию. Королевство Польское и Великое княжество Литовское, объединённые единым монархом[31], препятствовали реализации союзнических обязательств Руси и Немецкой империи, опасаясь нового военно-политического блока, имевшего потенциал стать евразийской сверхдержавой.

3.0.6.7.1. Ливония же, полностью зависимая от Польши, зачастую играла на руку главному врагу Руси и Немецкой империи – Османской империи, которой самой вовсе было не обязательно участвовать в изнурительных войнах. У неё было иное, во все времена самое неотразимое оружие для завоевания мирового господства, – золото: сокровища завоёванной Византии, присвоенные финансовые ресурсы Багдада, Египта, Греции. А стратегически выгодное географическое положение Османской империи позволяло туркам эффективно контролировать значительную часть мировой торговли того времени. Сефарды[32], изгнанные из Испании и Португалии в конце 1492 года, обрели новую родину в Османской империи, создали надёжную систему перемещения денежных средств, позволявшую через представительства на западном побережье Франции (*Бордо, Байонна*), в Лондоне, Амстердаме, Гамбурге, Любеке, Риге и других финансово-торговых центрах оперативно оказывать необходимое влияние на принятие важных решений в том или ином государстве.

3.0.6.7.2. Исполнительный Шлитте набрал более 300 специалистов, среди которых были и четыре богослова. Но в порту Любек всю группу по наущению польской стороны арестовали как наёмников, собиравшихся воевать против Ливонии, что, впрочем, не было лишено оснований, поскольку её правители занимали тогда крайне недружественную позицию по отношению к Царству Русскому. Некоторые немецкие специалисты на свой страх и риск пытались прорвать железный занавес и пробиться на восток. Некоторых в Ливонии арестовывали и, как некоего «*ремесленника Ганса*», казнили.

3.0.6.8. И всё же Царство Русское нашло в себе силы достойно ответить на агрессию вассалов Османской империи. К середине XVI века немецкие специалисты занимали ключевые позиции в царской артиллерии и сапёрных отрядах, что помогло летом 1552 года отстоять на южных рубежах Тульский кремль, который осадили войска крымского хана Девлет I Герая (*1512−1577*)[33], и в начале октября того же года завоевать Казанское Ханство на востоке. Стены Казанского кремля были взорваны под руководством англичанина Бутлера (*Butler*) и немца из Ливонии Эразмуса (*Erasmus*).

3.0.6.9. Успехи антитурецкой коалиции заставили активизироваться её противников. На западе начала вести себя задиристо Ливония, закрыв свои торговые гавани в Риге и Ревеле для русских купцов и отказавшись выплачивать накопившиеся долговые обязательства. Мудрая прагматическая политика земельных управляющих (ландмайстеров) Ливонского ордена Иоганна Фридриха фон Лорингофена (*ок. 1430–1494*) и его преемника Волтера фон Плеттенберга (*ок. 1450–1535*) была предана забвению.

3.0.7. Федеративное государство «Казанское Царство – Царство Русское – Королевство Ливония»

Как это, порой, и бывает с соседями, отношения Великого княжества Московского с могущественным Казанским ханством на Востоке складывались неоднозначно. Ещё Александр Невский (1221–1263), ставший приёмным сыном внука Чингисхана (1155–1227) Батыя (1209–1256), сделал выбор в пользу стратегического партнёрства с государствами – наследниками Золотой Орды. Одновременно золотоордынская знать[IX] становилась частью вельможного дворянства Руси.
Однако в 1521 году власть в Казанском ханстве перешла к Гиреям – династии ханов, правивших Крымским ханством, которое с 1478 года стало вассалом турецкой Османской империи. Преимущественно дружественные отношения Казанского ханства с Великим княжеством Московским, самопровозглашённым в 1547 году Царством Русским, сменились на откровенно враждебные. Крымские и казанские татары совершали опустошительные набеги на Русь. Турецкая Османская империя укрепляла свои позиции в Северном Причерноморье и на Кавказе, что способствовало и усилению экспансии турок в Западную Европу. Расцвела торговля белыми рабами, захваченными в восточноевропейских землях.

3.0.7.1. 2-го октября 1552 года войска Иоанна IV после продолжительой осады, в подготовке и проведении которой приняли участие немецкие специалисты сапёрного дела, взяли приступом Казань. Среднее Поволжье было присоединено к России. В составе России оказались народы, до этого входившие в состав Казанского ханства: чуваши, удмурты, марийцы, башкиры, подавляющее большинство которых исповедовало мусульманство. Их духовными наставниками были сеиды, являвшиеся потомками пророка Мухаммеда. Царь Иоанн IV был титулован и как «Царь Казанский». Казанское царство (ханство), оставалось самостоятельным государством, находившимся в персональной унии с Царством Русским. Правящие династии мусульманского мира влились в руководящую элиту Руси. Переход в Православие приветствовался, но массовых избиений иноверцев, как, например, при «крещении саксов»[34], не было. Большинство населения Казанского царства оставалось мусульманским. Объективно это было на руку и царскому правительству. Русь стала пониматься как многонациональное и поликонфессиональное государство. Титул царя/хана Казанского наконец-то ставил Иоанна IV вровень с западноевропейскими монархами и властителями мусульманских держав Востока. До этого момента его претензия представлять себя законным наследником духовных традиций (Восточной) Римской империи и, соответственно, царём, не воспринималась мировой элитой того времени серьёзно. Иное дело – самодержец, завоевавший в бою всеми признанный ханский титул.

3.0.7.2. Учитывая роль крещённой или некрещённой элиты Казанского царства в управлении Русью, становится очевидным, что в середине XVI века существовали реальные объективные условия для возвеличивания Руси и до возможного духовного (а также и управленческого) центра «нового халифата». Но за 35 лет до образования Казанского царства инициативу по возрождению «нового халифата» перехватили турецкие султаны, не имевшие на то никаких законных прав, поскольку они не являлись прямыми потомками Пророка Мухаммеда. Осознавая шаткость своих притязаний, султаны мудро не предпринимали попыток доказать явно недоказуемое. Вероятно, они уповали на некое благоприятное стечение обстоятельств в необозримом будущем. Что в итоге и произошло в результате предательской антироссийской и антинемецкой политики Екатерины II.
В союзном же государстве «*Казанское Царство – Царство Русское*» среди руководящей

политической и духовной элиты было немало сеидов – прямых потомков Пророка, из среды которых могли возвыситься будущие халифы.

3.0.7.2.1. Высшая военно-административная власть в мусульманских странах, возникших после заката империи Чингисхана (*ок. 1155–1227*), передавалась его потомкам – Чингизидам. В значительной степени такая преемственность «местной власти» сохранялась и в мусульманских пределах объединённой Руси, хотя «первыми лицами» назначались московские ставленники. Чингизиды, скрупулёзно соблюдавшие родовую преемственность власти, могли также претендовать на всеми признанную верховенствующую роль в мусульманском мире.

3.0.7.2.2. Династия же турецких султанов Османской империи ведёт своё начало от тюркского племени кайи, обитавшего в области Балха, что на севере современного Афганистана. Спасаясь от нашествия Чингисхана, племя откочевало на запад, в итоге оказавшись на территории современной Турции, отторгнутой у христианской (Восточно-) Римской империи. Мусульманам Средней Азии и Поволжья, где традиционно власть переходила к чингизидам, было сложно принять ведущую роль османской династии в мусульманском мире, родоначальники которой фактически бежали от воинов Чингисхана. Но турецкие султаны долгое время и не пытались это делать, направив свои усилия на практические дела – завоевание нового жизненного пространства для своего народа.

3.0.7.2.3. Основатель Османской династии Осман I Гази (*1258–1326*) определил стратегическое направление турецкой экспансии – Европу. Большую часть его армии составляли мигранты и авантюристы различного происхождения, привлечённые посулами о лёгкой наживе на Западе, где правят безвольные государи. Командованием (Восточно-) Римской империи было принято решение воспрепятствовать переправе турок в Европу и задержать их дальнейшее продвижение на Запад. Однако Осман I Гази продолжал натиск и при поддержке мигрантов, устремившихся на его территорию, захватил греческиий портовый город Эфес на побережье Эгейскоого моря, удобный для развития дальнейшего наступления на христианские страны Средиземноморья...

3.0.7.3. Помимо Казанского, в пределах Руси существовало Касимовское царство, где правили чингизиды. В конце 1560-х годов его ханом по инициативе Иоанна IV стал Саин-Булат (*?–1616*) – правнук Ахмат-хана (?–1481), последнего ордынского правителя, в политической зависимости от которого находились московские князья.

3.0.7.4. Одновременно Иоанн IV стал серьёзно рассматривать план создания в Ливонии дружественного немецкого государства. После того, как в 1568 году фактически на стороне Османской империи в войну вступила Швеция, выбор пал на датского принца герцога Магнуса (*1540–1583*) из северо-немецкой Ольденбургской династии, как короля нового государственного образования. Магнус был сыном короля Дании Кристиана III (*Christian 3.; 1503–1559*), являвшегося образцовым лютеранином и братом короля Фредерика II Датского (*Frederik 2.; 1534–1588*). Идея создания дружественного по отношению к Руси королевства представлялась удачной: отпрыск европейской королевской династии[35] был в глазах немецкого, датского и ливонского дворянства притягательнее Иоанна IV, который за его временами крутой нрав стал прозываться Грозным. При этом лояльность Магнуса по отношению к царю вроде бы также не вызывала сомнений.

3.0.7.4.1. После того, как было достигнуто предварительное соглашение, 10 июня 1570 года в Москву прибыл и был принят с великой торжественностью Магнус. Его официально провозгласили королём Ливонии, он дал клятву верности царю и был помолвлен с княжной Евфимией Старицкой, дочерью двоюродного брата царя. В качестве короля Ливонии Магнус был назначен командующим русскими войсками, посылаемыми против шведов. 25 июня его армия совместно с царскими отрядами двинулась в поход и 21 августа приступила к осаде оккупированного шведами Ревеля-Колывани[36].

3.0.7.5. Вскоре в военных действиях против шведов в качестве командующего частью царских войск принял участие и Саин-Булат. Вместе с князем Иваном Фёдоровичем Мстиславским (*?–1586*), по матери внуком казанского хана Худай-Кула (*?–1523*), он руководил осадой занятых шведами крепостей Орешека-Нётеборга, Виттенштейна, Ревеля-Колывани. Впервые юридически и фактически федеративное государство «*Казанское Царство – Царство Русское – Королевство Ливония*» вело военную кампанию, отстаивая свои северные рубежи, против шведов – стратегического противника и союзника турецкой Османской империи.

3.0.7.6. Ответный ход турок был вполне предсказуем. В 1571 году вассал турок крымский хан Девлет I Герай (*1512–1577*) совершил опустошительный набег на Русь и сжёг Москву, за что получил прозвище «Взявший Трон» (*Taht Alğan*). Десятки тысяч были убиты, более 150 тысяч уведены в рабство. Царь Иоанн IV предложил хану колоссальные территориальные уступки и огромную дань. Однако тот отказался, считая, что теперь можно подчинить всю Русь, и в следующем 1572 году, получив поддержку Османской империи, собрал 120-тысячную армию, состоявшую из 80 тысяч крымцев и ногайцев[37], 33 тысяч турок, 7 тысяч турецких янычар[38]. С падением Москвы изменилась бы вся геополитическая ситуация в Евразии.

3.0.7.7. Битва при Молодях

3.0.7.7.1. Против орды завоевателей выступила всего лишь 20-ти тысячная армия во главе с выдающимся полководцем Михаилом Ивановичем Воротынским (*1516–1573*). К ним на помощь поспешило семитысячное войско ливонских немцев с военачальником Георгом фон Фаренсбахом (*Jürgen von Fahrensbach; 1551–1602*) – доверенным лицом короля Магнуса.

3.0.7.7.2. 29 июля – 2 августа 1572 года у села Молоди, что в 40 км южнее Москвы, произошли сражения, в результате которых, несмотря на многократное численное превосходство, турецко-крымская армия была обращена в бегство и почти полностью перебита. Погибли все семь тысяч янычар, большинство крымских мурз, а также сын, внук и зять самого Девлета Герая. Множество высших крымских сановников попало в плен. После безуспешного похода Крымское ханство лишилось почти всех воинов, так как по обычаям все боеспособные мужчины были обязаны участвовать в походах. Сражение при селе Молоди стало поворотной точкой в противостоянии Руси и Крымского ханства и последней крупной битвой Руси со Степью. В результате битвы была подорвана военная мощь Крымского ханства, столь долго угрожавшего Руси. Османская империя была вынуждена отказаться от планов вернуть среднее и нижнее Поволжье, ставшее частью Царства Русского, в сферу своих интересов. Ливонские немцы внесли весомый вклад в победу...

В ночь на 24 августа 1572 года, в канун дня святого Варфоломея, во Франции произошла массовая резня протестантов-гугенотов, устроенная католиками. Погибло около 30 тысяч человек. Это кровавое событие наглядно показало, насколько хрупким являлся декларированный конфессиональный мир между католиками Речи Посполитой и протестантами-лютеранами Ливонии. Царь Иоанн IV резко осудил массовую резню гугенотов. В результате относительного военного затишья, наступившего в конце XVI века, многие немцы, вероятно, стали видеть в Царстве Русском некий оазис христианской толерантности, да и служба на государственном и военном поприще сулила существенное улучшение материального положения.

3.0.7.8. Федерация «*Казанское Царство – Царство Русское – Королевство Ливония*» на деле доказывало свою способность эффективно противостоять агрессии турок и их приспешников. Столицей Ливонского Королевства и резиденцией герцога Магнуса стал Оберпален (*Oberpahlen, ныне – эстонский Põltsamaa*). Кроме собственно Ливонии частью королевства стали территории, в настоящее время входящие в Волховский район Ленинградской области. Юрисдикция королевства должна была также распространиться и на Карелию.

3.0.7.8.1. В это время внезапно умерла невеста Магнуса княжна Евфимия Старицкая. Иоанн IV предложил ему руку её младшей тринадцатилетней сестры – Марии. Магнус согласился, и 12 апреля 1573 года в Новгороде состоялась свадьба.

3.0.8. Успехи турецкой дипломатии

3.0.8.1. После того, как 7 июля 1572 года скончался основатель Речи Посполитой Сигизмунд II Август (*1520–1572*), были назначены выборы нового главы польско-литовского государства. Во время своего правления Сигизмунд старался проводить сбалансированную политику и не ссориться с соседями, сосредоточившись на решении внутренних объединительных проблемах страны. Объективно это не устраивало Османскую империю, стремившуюся расширять свои владениия чужими руками, натравливая одних христианских правителей на других и часто, с выгодой для себя, выступая посредником в спровоцированных ею распрях.

3.0.8.2. Основными претендентами на занятие выборной должности руководителя польско-литовского государства были царь Иоанн IV, герцог Генрих Анжуйский (*1551–1589*) из правящей во Франции королевской династии Валуа, секей[39] князь Стефан Баторий (*1533–1586*), император Немецкой империи Максимилиан II Габсбург (*1527–1576*), при котором начала выплачиваться дань туркам, и его сын эрцгерцог Эрнест (*1553–1595*). Поскольку Эрнест и Максимилиан Габсбурги придерживались курса на борьбу с Турцией, их кандидатуры в ходе выборов были поддержаны Царством Русским.

3.0.8.2.1. Но турецкий султан Селим II (*1524–1574*) прислал шляхтичам грамоту с требованием, чтобы они не выбирали в короли ни Максимилиана II, ни его сына. В качестве предпочтительного претендента был назван вассал Османской империи трансильванский князь Стефан Баторий (*1533–1586*).

3.0.8.3. Выбор всё-таки пал на герцога Генриха Анжуйского, ведшего свою родословную от Анны Ярославны (*1032–1089*), дочери киевского князя Ярослава Мудрого (*978–1054*). 10 сентября 1573 года в Соборе Парижской Богоматери Генрих принёс присягу, и его официально провозгласили державным правителем объединённого Польско-литовского государства. Казалось бы, кандидатура отпрыска французской королевской династии как нельзя лучше отвечала интересам турецкой Османской империи: Франция была повязана «святотатственным альянсом Лилии[40] с Полумесяцем» 1536 года, заключенным между королём Франции Франциском I (*François Ier; 1494–547*) и султаном Сулейманом I Великолепным (*1494–1566*). Также, начиная с конца XV века, было подписано несколько договоров, закреплявших военно-стратегическое сотрудничество Польско-литовского государства с турками.

3.0.8.3.1. Но новоизбранный Польский король и Великий князь литовский был не склонен к постоянству. Будучи, как и пристало французским королям, католиком, он в ранней юности увлекался протестантизмом, что в глазах мусульман было несомненным плюсом. Потом под присмотром своей матери Екатерины Медичи (*Catherine de Médicis; 1519–1589*) стал ревностным католиком.

3.0.8.3.2. 24 января 1574 года Генрих приехал в Польшу, где 15 июня 1574 года узнал о преждевременной смерти своего брата – короля Франции Карла IX (*1550–1574*). По совету матери Генрих решился также принять корону короля Франции и спешно, без излишних церемоний, отправился в путь. По пути его встречали и приветствовали как дважды короля.

13 февраля 1575 года в Реймском соборе состоялась коронация польского короля Хенрика Валезы (*Henryk Walezy*) как французского монарха Генриха/Анри III (*Henri III*).

3.0.8.4. Вырисовывалась перспектива невиданного доселе мощного антитурецкого альянса: государственный союз Польши и Литвы дополнялся персональной унией с Францией. Федеративное государство «*Казанское Царство – Царство Русское – Королевство Ливония*» и Немецкая империя, страдающая от гнёта дани, были едины в своём стремлении остановить турецкую экспансию. Уже зарекомендовавший себя гибким политиком Генрих III не смог бы не принимать в расчёт настроения христианского мира, и крайне непопулярный «святотатственный альянс» грозил рассыпаться.

3.0.8.5. После вынужденного отъезда короля по инициативе архиепископа Гнезненского и примаса Польши Якуба Уханьского (*1502–1581*) был созван сейм, инициировавший вопрос о смещении Генриха III, поскольку он отсутствовал в стране.

Религиозные взгляды Якуба Уханьского, который обвинялся в ереси и даже предстал перед инквизицией, чуть было не привели Польшу к разрыву с католическим миром и созданию национальной церкви.

Сенаторы фактически выступили за персональную унию с Францией и против смещения Генриха III ввиду его срочного отъезда. Но Уханьский настаивал на замене короля. Королю направили письмо с заведомо неприемлемым и провокационным для его чести ультиматумом: Генрих III должен был вернуться в Польшу до июня 1575 года, иначе, как ему было заявлено, он потеряет свои права на польский трон. Обратный путь католического дважды короля был бы сопряжён с риском: пришлось бы опять объезжать стороной протестантские государства. К тому же Генрих несомненно владел информацией о готовящемся очередном турецком наступлении в Европе, которое началось несколько месяцев спустя.

3.0.8.5.1. Уханьский предложил кандидатуру императора Немецкой империи Максимилиана II Габсбурга, являвшегося в то время подневольным данником Османской империи[41]. Вероятно, предполагалось, что таким образом – дополнительно ещё и через польско-турецкие договоры – удастся пристегнуть Немецкую империю к Османской. Сенат Речи Посполитой проголосовал за Максимилиана II.

3.0.8.6. Но вначале не всё пошло по плану протурецкой партии. Значительная часть шляхтичей выдвинула в кандидаты на польскую корону русского царя Ионна IV, в котором видели стратегического партнёра в совместной борьбе против турок и крымских татар. Шляхтич Кшиштоф Граевский (*Krzysztof Grajewski*) написал открытое письмо о необходимости унии между Польско-литовским государством и Русью.

3.0.8.6.1. Реакция не заставила себя ждать. Граевский был арестован и заключён в тюрьму. В сентябре – октябре 1575 года турки организовали опустошительный набег на восточные земли Речи Посполитой, где проживала значительная часть православных, традиционно тяготевших к Руси. Грабительский рейд мог иметь продолжением разорение и центральной Польши.

3.0.8.7. «*Намёк*» был понят, и в мужья к переспевшей деве Анне Ягеллонке[42], избранной королём, был назначен вассал Османской империи трансильванский князь Стефан Баторий, не прошедший на выборах короля Польши и Великого князя литовского в 1573 году. Он был моложе 53-летней Анны на 10 лет.

3.0.8.8. **Ротация царя**

3.0.8.8.1. Царь Иоанн IV не прошёл на выборах короля Польши и Великого князя литовского, конечно же, не в последнюю очередь из-за явно антирусской позиции части депутатов сейма и давления турок. Но была и ещё одна веская причина. В глазах европейцев русский царь долгое время оставался просто великим князем. Раньше всех его титул был признан Англией[43]. Император Немецкой империи Максимилиан II, желая привлечь Русь к союзу против Турции, признал царский титул Иоанна IV лишь незадолго до своей смерти в 1576 году. Ватикан отстаивал исключительное право пап предоставлять королевский и иные титулы государям, что несомненно влияло и на позицию католических стран. Автору не известны документы, которые бы подтверждали признание царского титула Иоанна IV протестантскими странами Северной Европы.

3.0.8.8.2. И здесь русский царь поступил как истинный государственник. Являясь лидером в федерации «*Казанское Царство – Царство Русское – Королевство Ливония*», он передал осенью 1575 года верховную власть с совершением обряда венчания на царство касимовскому хану Саину-Булату, крещёному в 1573 году под именем Симеона Бекбулатовича. Чингизид на царском троне Руси должен был символизировать её многонациональную федеративность, сцементированную ещё и признанными правящими династиями Востока и Запада.

3.0.8.8.3. И это был уже не столько военно-политический вызов Османам, пытавшимся присвоить титул халифов, сколько недвусмысленно декларированный вектор будущего развития государственности Руси – к могущественной евразийской Империи. Вполне возможно, что следующим главой федерации по истечении определённого срока планировался король Ливонии Магнус. Но ситуация начала складываться иначе и не в пользу Руси.

3.0.9. Оборона Гданьска

3.0.9.1. Города Немецкого ордена, оккупированные Речью Посполитой, отказались признать выборы Стефана Батория действительными, поскольку многие немцы считали, что император Немецкой империи Максимилиан II более подходил на роль главы государства, тем более, что польский сенат выбрал его королём, и результаты голосования были уже объявлены.

3.0.9.2. Сразу же после становившейся очевидной махинации с результатами выборов – в декабре 1575 года – восстал Гданьск, немецкое население которого исповедовало лютеранство.

3.0.9.3. В Кракове 1 мая 1576 года состоялась пышная свадьба Анны Ягеллонки со Стефаном Баторием. Епископ Вроцлавский Станислав Карнковский (*Stanisław Karnkowski; 1520–1603*) короновал его польским королём. В августе Баторий собрал войско из наёмников и занял большинство немецких городов. Однако центр немецкого сопротивления Гданьск не удалось взять сходу. Император Немецкой империи Максимилиан II решил поддержать восставших немцев, но накануне выступления в поход его армии он неожиданно скончался в возрасте 49 лет (*12 октября 1576 года*). Сопротивление Гданьска продолжалось ровно два года – до середины декабря 1577 года. Город выстоял и сохранил за собой ранее дарованные привилегии.

3.0.10. Подкуп

3.0.10.1. Одновременно, фактически в интересах Османской империи, Баторий начал активную кампанию против федерации «*Казанское Царство – Царство Русское – Королевство Ливония*» и не только военную. По материнской линии посажённый глава Речи Посполитой происходил из влиятельнейшей семьи европейских финансистов[44]. Его дед Иштван Телегди (*?–1514*), прозванный «*казначеем*» (*Kincstartó*), управлял финансами объединённого королевства Чехии и Венгрии, верховная власть в котором формально принадлежала королю Уласло II (*1490–1516*), прозванному «добрым», поскольку он отстранился от дел управления государством, отдав его на откуп дворянам и чиновникам. Было бы наивно предполагать, что Телегди, который распоряжался денежными средствами небедного государства, мог заключать сделки, не учитывая своих собственных интересов, да ещё при таком «добром» правителе, который ничего не контролировал. Деньги у семейства Телегди-Баторий были, хотя многие историки отмечают скромность и непритязательность в быту самого Иштвана Батория.

3.0.10.2. Король Ливонии Магнус был куплен Баторием. Он продал своё королевство семейству Телегди-Баторий, перебежав к противнику Руси. Возможно ключевой фигурой в сделке был португальский сефард Иосиф Наси (*1524–1579*) – финансист Османской империи, который благодаря осведомлённости и личному знакомству со многими политическими деятелями Европы, а также разветвлённой коммерческой агентуре, оказывал значительное влияние на европейскую политику.

3.0.10.3. В 1580 году Магнус участвовал в войне на стороне Батория. Евразийская федерация Русь с участием немецкой Ливонии формально перестала существовать...

3.0.11. Завещание Иоанна IV

3.0.11.1. Первый русский царь Иоанн IV гордился своим немецким происхождением. Он, как отмечали современники, неоднократно повторял, что в его жилах течёт баварская кровь. Возможно, к этому заключению его подвинула созвучность слов «баварец» и «боярин». Свою «*немецкость*» самодержец доказывал и веротерпимостью: «*любил спорить с учёными Немцами о Законе и сносил противоречия: так (в 1570 году) имел он в Кремлёвском дворце торжественное прение с Лютеранским богословом Роцитою, уличая его в ереси: Роцита сидел пред ним на возвышенном месте, устланном богатыми коврами; говорил смело, оправдывал Догматы Аугсбургского исповедания, удостоился знаков Царского благоволения и написал книгу о сей любопытной беседе. Немецкий проповедник Каспар, желая угодить Иоанну, крестился в Москве по обрядам нашей церкви и вместе с ним, к досаде своих единоземцев, шутил над Лютером; но никто из них не жаловался на притеснение. Они жили спокойно в Москве, в новой Немецкой Слободе, на берегу Яузы, обогащаясь ремёслами и художествами.*»[X]

3.0.11.2. Помышляя о судьбе царства и находя, что его сын Фёдор (*1557–1598*) по своему малоумию не способен царствовать, Иоанн IV несколько раз документально оформлял свою последнюю волю. Ссылаясь на некоего Луку Павлюса, «*знавшего хорошо русский язык и положение русских дел*», Николай Иванович Костомаров в своей «*Русской истории в жизнеописаниях её главнейших деятелей*» так излагает интригу, связанную с царским завещанием:

«*Сначала Иван составил завещание, в котором объявлял наследником Фёдора, а около него устраивал совет; в этом совете занимал место Борис Годунов. Потом Богдан Бельский, вкравшийся в доверенность царя, настроил его против Бориса Годунова, и царь (как впоследствии открылось) составил другое завещание: оставляя престол полоумному Фёдору, он назначал правителем государства эрцгерцога Эрнеста, того самого, которого прежде он так хотел посадить на польский престол. Эрнест должен был получить в удел: Тверь, Вологду и Углич, а если Фёдор умрет бездетным, то сделаться наследником русского престола. К этому располагало его уважение, какое он питал к знатности Габсбургского дома. Он считал членов его наследниками Священной Римской Империи, в которой родился сам Иисус Христос. Тайна этого завещания не была им открыта Борису, но её знали вышеупомянутые бояре. Дьяк Щелкалов изменил своим товарищам и тайно сообщил об этом Борису. Они вдвоем составили план уничтожить завещание, когда не станет Ивана*»[XI].

3.0.11.3. Иоанн IV, несмотря на неудачу с Ливонским королевством, активно искал союзников среди немецких государств, возможно, даже желал объединить Немецкую империю (*Священную Римскую Империю Немецкого народа*) с Царством русским в виде персональной унии, влить новую немецкую кровь в изначально германскую династию Рюриковичей. То, что это не была преходящая идея фикс «*сумасбродного самодержца*», коим часто выставляют первого русского царя, доказывает и политика Бориса Годунова, фактического властителя Руси при царе Фёдоре Иоанновиче.

3.0.11.4. Годунов осознавал, что в случае смерти слабого здоровьем русского самодержца, женой которого была его сестра Ирина[45], ему не будет более места при дворе. В 1585 году он втайне направил доверенных лиц к венскому двору немецкого императора Рудольфа II (*Rudolf II; 1552–1612*) с предложеним обсудить, в случае смерти царя, вопрос о заключении брака между его сестрой и Эрнестом с последующим возведением оного на русский трон. Но то ли из-за излишней болтливости, то ли из-за предательства переводчика миссии поляка Якова Заборовского, тайное стало явным.

3.0.11.4.1. Поднялся большой шум, более всего возмущались те, кто не желал сильной централизованной власти. Для них примером была Польша с ограниченной сеймом королевской властью и «*цирковой демократией*» по типу римской[46]. Немецкая же империя была организована как сословно-земельная демократия[47]. Если «цирковая демократия» легко поддаётся манипулированию и, в сущности, реально никого и ничего не представляет, то сословно-земельная, выражающая интересы социальных групп и территорий, нуждается в объединяющей и авторитетной государственной власти.

3.0.11.5. 1 сентября 1598 года Борис Годунов венчался на царство. Контакты Московского государства с Немецкой империей активизировались. На Русь ехали купцы, врачи, промышленники, военные, учёные люди. Они получали должности, хорошее жалование, земли с крестьянами. Европейская культура проникла в русский обиход. Это касалось одежды, жилья, светских церемоний и даже таких вещей, как бритьё бород. Борис посылал русских людей на обучение за границу. Свою дочь Ксению[48] Борис Годунов сватал за знатнейших представителей правящих европейских династий.

3.0.11.6. В 1604 году умудрённый опытом и закалённый в схватках с политическими противниками Борис Годунов в письме Рудольфу II сформулировал общие внешнеполитические цели Царства Русского и Немецкой империи:

«*... и ведомо нам, что королю Сигизмунду не любо, что мы, в. государь, с в. в-вом, нашим братом и в. государем, императором Рудольфом, состоим в доброй переписке, братской дружбе, любви, взаимноотношении и доверии, и что нам, ради вашей любви, удалось побудить персидского шаха Аббаса, чтобы он решил вступить в сношения и дружбу с вами, нашим возлюбленным братом, и за одно с в. в-вом воевать против турок. По сему польский король опасается, чтобы мы, в. государь, вступив с вами, нашим возлюбленным братом, в сношения, не заключили союза против него и не напали с двух сторон на владения польской короны и в. княжества литовского, почему он и не дает проезда чрез свои земли и области как гонцам и послам от вас, возлюбленного брата нашего, к нам, так и к вам от нас. Вот отчего он так несочувственно смотрит на взаимно поддерживаемые нами сношения, и мы, в. государь, не можем не удивляться, каким образом польский король Сигизмунд называет себя христианским государем и в то же время совершает не христианские дела...*»[XII]

3.0.11.7. Это письмо, по сути, явилось и политическим завещанием мудрого государственника, призывам которого общество тогда не вняло. 13 апреля 1605 года пятидесятитрёхлетний Борис Годунов в одночасье скончался:

«*Смерть царя Бориса случилась совершенно внезапно и, к тому же, при весьма странных обстоятельствах. Через каких-нибудь два часа после обеда, когда по обыкновению присутствовавшие при этом врачи уже удалились, оставив царя, по их убеждению, в добром здоровье, о котором свидетельствовал и его хороший аппетит за обедом, — государь вообще любил хорошо и плотно покушать, хотя теперь позволительно думать, что в этом он даже доходил до излишества, — он вдруг не только почувствовал себя дурно, но и ощутил боли в желудке, так что, перейдя в свою опочивальню, сам лег в постель и велел позвать докторов (которые успели уже разойтись). Но прежде, чем они явились на зов, царь скончался, лишившись языка перед смертью.»*[XIII]

3.0.12. Военное сословие Руси

3.0.12.1. В XVII веке усилился натиск турок и их сателлитов на Русь и Немецкую империю. Зимой 1656/57 года крымские и литовские татары (*принятые в своё время как беженцы и поселённые вблизи границы с немецкими землями*[49]) напали на герцогство Пруссия. 23.000 немцев было убито, 34.000 угнано в рабство. Было вывезено или уничтожено всё продовольствие, 80.000 человек умерло от голода. Волна турецкой агрессии докатилась и до, казалось бы, находящейся на приличном расстоянии от Османской империи Пруссии.

3.0.12.2. Дальновидным польским политикам становилось ясно, что в планы турок входило и полное порабощение их государства. Когда в 1683 году турки в очередной раз осадили столицу Немецкой империи Вену, ей на помощь поспешил король польский и великий князь литовский Ян III Собеский (*Jan III Sobieski; 1629–1696*).

В последовавшей за победой под Веной Великой Турецкой войне (*1683–1699*) союз христианских государств Европы (*Священная лига*), куда входили Немецкая империя, Русское царство, Венецианская республика и Мальта, освободил большую часть Центральной Европы от турок и существенно ослабил их военную мощь. Успех кампании был обусловлен прежде всего действенным военно–политическим сотрудничеством между Царством Русским и Немецкой империей.

3.0.12.3. В середине XVII века более двух третей командного состава русской армии составляли западноевропейцы: французы-гугеноты[50], англичане, шотландцы[51], голландцы, но больше всего было немцев и военачальников, которые возводили свою родословную к немцам. Показателен список полков «нового строя»[52] за 1658–1659 годы[XIV]:

- Рейтарский[53] полк Я. Фанрозербаха (фон Розенбаха)

Фон Розенбах (von Rosenbach) – старинный дворянский род; в XIII веке владел замком Бройберг (Breuberg) в южном Гессене. Впоследствии его члены переселились в Прибалтику и Россию.

- Рейтарский полк А. Г. Фанстробеля (*фон Стробеля*)
- Рейтарский полк В. Змеева

Род Змеевых происходит от «мужа честна» Льва, выехавшего «из Немец» к великому князю Василию Дмитриевичу (1371–1425) в 1393 году.

- Рейтарский полк В. Джонстона
- Рейтарская шквадрона[54] В. Фангалена (фон Галена)

Наиболее известным представителем этого рода был Генрих фон Гален (Heinrich von Galen; ок. 1480–1557) – земельный управляющий Немецкого ордена в Ливонии (1551–1557).

- Рейтарская шквадрона И. Саса

Род фон Сас (von Saß или von Sass) происходит из Вестфалии, откуда его представители в начале XV века переселились в Прибалтику, затем – на Русь. Известные члены рода: Андрей Павлович Засс (Andreas Burchard Friedrich von Saß; 1753–1815) – генерал-лейтенант,

георгиевский кавалер; Григорий Христофорович фон Засс (1797–1883) – барон, генерал от кавалерии, основатель города Армавир; Нестор (в миру Николай Павлович Засс; 1825–1882) - епископ Алеутский и Аляскинский.
- Драгунский[55] полк В. Фанзейца (*фон Зейца*)
Фамилия многочисленных представителей этого рода писалась по-немецки как von Seiz (Seiz) или von Seitz (Seitz). Возможно, русская фамилия Зайцев восходит к немецкой.
- Драгунский полк Р. Корсака
- Драгунский полк Х. Гундермарка[56]
- Драгунский полк Я. Фанзагера (*фон Зангера*)
- Драгунский полк Х. Юнгмана
- Драгунский полк С. Брыкина
Возможно происходит от немецкой фамилии Brickmann или её производных.
- Драгунский полк И. Мевса
Немецкий вариант фамилии – Möws.
- Драгунский полк Я. Гевиша-Фенгобена (*Гевиша фон Гобена*)
- Драгунский полк Я. Ивалта
- Белгородский солдатский полк Ф. А. Фанбуковена (*фон Буковена*)
Филипп Альберт ван Бокховен (van Bockhoven; ? – ?), офицер русской армии нидерландского происхождения, являлся сыном полковника русской службы Исаака ван Бокховена (? – 1654); начал службу в русской армии в чине капитана, с 1649 года –подполковник, с началом войны с Речью Посполитой (1654–1667) – полковник и командир рейтарского полка. По окончании войны в 1667 году ван Бокховен получил чин генерал-майора.
- Яблонский солдатский полк Я. Лесли
Яков Александрович Лесли – сын Александра Ульяновича Лесли (англ. Alexander Leslie of Auchintoul; ? – 1663), русского генерала шотландского происхождения. Из потомков наиболее известны: Юрий Фёдорович Лесли (? – 1737) – генерал-майор, внук А. У. Лесли; Александр Дмитриевич Лесли (1781–1856) – дворянин Смоленской губернии, инициатор первого в Отечественную войну 1812 года отряда ополчения; Александр Александрович Лесли (1845–1899) – российский генерал-лейтенант.
- Солдатский полк Я. Краферта
Один из членов семейства шотландца Александра Крофорда (Crawford), состоявшего на русской военной службе с 1629 года.
- Карповский солдатский полк Я. Фанзагера (*фон Загера*)
- Солдатский полк инженерного назначения Н. Баумана
Николай Бауман (ок. 1620–?) – первый русский генерал-поручик (1659 год). Бауман командовал большим полком «солдатского строя» инженерного назначения, расквартированным в окрестностях Тулы (3.000 человек). Полк делился на два «полуполка» под командованием двух подполковников – Альбрехта Шневенца и Варборга. Майорами в «полуполках» были Николай фон Зален и Фридрих Мейер. На вооружение полка Бауман поставил казнозарядные полевые пушки собственного изобретения «с клиновым затвором».
- Усердский солдатский полк Фёдора Вормзера (*Theodor Wormser*)
- Верхососенский солдатский полк Я. Инвалта
- Козловский солдатский полк Я. Ронарта.

3.0.12.4. Западноевропейцы и немцы составляли не только высший командный состав российской армии. К началу XVIII века на Руси сформировалась полиэтническая общность, которая, исходя из прежней этнической принадлежности подавляющего большинства её представителей, называлась и самоидентифицировалась как **немцы**. В ней можно было выделить подгруппы по конфессиональной (*православные, католики, лютеране, реформаторы, меннониты и т. д.*) и этнической принадлежности предков (*различные* *германоговорящие этносы Немецкой империи, французы-гугеноты, шотландцы и т. д.*), которые воспринимались посторонними как единая общность российских немцев. Её формирование в немалой степени обусловила многовековая совместная борьба народов Руси и Немецкой империи с непрекращающейся турецкой агрессией.

3.0.12.5. Немцы занимали передовые позиции в таких областях, как артиллерия, сапёрное дело, оружейное производство, почта. По данным 1-ой ревизии 1719 года в Царстве Русском проживало 31.100 немцев[XV].

После объединения Ливонского рыцарства Немецкого Ордена с Царством Русским и образования Российской империи (1721 г.) многие десятки тысяч немцев стали её подданными, коренным государствообразующим народом.

3.0.12.6. При Петре Первом началось подчёркнутое противопоставление «немцев» «русским». Известны недостойные для правителя Руси презрительные высказывания в адрес последних. При его дочери императрице Елизавете Петровне (*1709–1761*) пренебрежение к ценностям русской культуры, как ответная реакция, трансформировалось в антинемецкую кампанию. Вероятно, было бы большим упрощением считать, что постепенное вытеснение немцев из общественно значимых сфер деятельности, устранение их от управления государством явилось следствием только козней французской разведки и (или) интриг искусной турецкой дипломатии.

3.0.12.7. «*Научную базу*» под антинемецкие настроения общества подвела Екатерина II, целенаправленно уничтожавшая образованность в Империи[57]. Трудно поверить, что за сознательными актами по расколу общества по надуманным языковым и этническим признакам[58] не таилось нечто большее. Славянофильство, которое в угоду политической конъюнктуре противопоставлялось «*западничеству*», в первой половине XIX века получило идейную поддержку из Германии.

3.0.13. Бёкерхофские романтики

3.0.13.1. Около 1810 года в имении Бёкерхов (*Bökerhof*)[59] стали собираться литераторы и общественные деятели, недовольные французской оккупацией Германии. Считается, что инициаторами собраний общества, ставшего известным как «*Бёкендорфский кружок романтиков*» (*Bökendorfer Romantikerkreis*), были владелец имения Вернер фон Хакстхаузен (*Werner Moritz Maria Graf von Haxthausen; 1780–1842*) и его брат Август фон Хакстхаузен (*August Franz Ludwig Maria, Baron von Haxthausen-Abbenburg; 1792–1866*). Активными членами общества были писатель и поэт Клеменс Брентано де ла Рош (*Clemens Brentano; 1778–1842*), классик немецкой литературы Аннетта фон Дросте-Хюльсхофф (*Annette von Droste-Hülshoff; 1797–1848*), приходившаяся племянницей Вернеру и Августу Хакстхаузенам, и братья Якоб (*Jacob Ludwig Karl Grimm; 1785–1863*) и Вильгельм Гримм (*Wilhelm Karl Grimm; 1786–1859*), которые в Восточной Вестфалии собирали сюжеты для своих знаменитых сказок. Бёкендорфские романтики уделяли большое внимание сравнительному изучению славянских и германских народов.

3.0.13.2. Август фон Хакстхаузен подметил, что во всех местностях Германии, где жили в древности славяне-венды, коренятся «*какие-то загадочные отношения, не вытекающие из основ чисто германской народной жизни*» («*Ueber den Ursprung und die Grundlagen der Verfassung in den ehemals slavischen Ländern Deutschlands im allgemeinen und des Herzogtums Pommern im besonderen», Берлин, 1842*). Для уяснения этих загадочных (общинных) отношений он счёл необходимым лично изучить Россию именно как «*колыбель славянского племени*». Август фон Хакстхаузен много путешествовал по России, посетил Саратов, Эривань, Одессу и Киев, был тепло принят российской интеллигенцией. Результатом поездки явился труд «*Исследования внутренних отношений народной жизни и, в особенности, сельских учреждений России*» в трёх томах. Хакстхаузен выступал за постепенную отмену крепостного права, выход он видел во введении юридических отношений между крестьянами и помещиками, при которых первые были бы привязаны к земле в силу собственных интересов, а не постоянного принуждения со стороны помещиков. Его исследования получили признание со стороны славянофилов К. С. Аксакова (*1817–1860*), А. С. Хомякова (*1804–1860*), И. В. Киреевского (*1806–1856*), Ю. Ф. Самарина (*1819–1876*). Западники же всячески критиковали его взгляды за чрезмерный монархизм и «*реакционность*». Хакстхаузену принадлежат также работы о государственном строе и истории России[60].

3.0.13.3. Славянофильство, оформившееся в 40-х годах XIX века как литературное и религиозно-философское течение, ориентировалось на выявление самобытности России. Её представители выступали с обоснованием особого русского пути, отличного от западноевропейского. Считается, что в Германии предтечами славянофильства были Георг Гегель (*Georg Wilhelm Friedrich Hegel; 1770–1831*) и Фридрих Шеллинг (*Friedrich Wilhelm Joseph von Schelling; 1775–1854*). В России среди его наиболее известных представителей числились также российские немцы Александр Фёдорович Гильфердинг (*Hilferding; 1831–1872*) и Владимир Иванович Даль (*Dahl; 1801–1872*).

Как это ни парадоксально, именно немецкие мудрецы, исходя, может быть, и из лучших побуждений, внесли значительный вклад в становление общественного движения, которое затем направит свою энергию против немцев, и в первую очередь – против российских немцев, являвшихся одним из основных столпов российской державности. Это не могло не быть на руку недругам Империи.

3.0.14. Отторжение

3.0.14.1. Немцы отнюдь не были чуждым элементом в Восточной Европе, как это пытались представить недруги и по незнанию повторяют мои соплеменники. По сути, они развивают известную сентенцию выдающегося представителя славянофильства и геополитика XIX века Николая Яковлевича Данилевского (*1822–1885*): «*Принадлежит ли в этом смысле Россия к Европе? К сожалению или к удовольствию, к счастью или к несчастью – нет, не принадлежит.*»[XVI]

3.0.14.2. «*Историческая вина*» российских немцев состояла в том, что они явились государственно-образующим, державным и креативным классом Российской империи. Всемирная история – это ещё и борьба элит, и немцы в Восточной Европе эту борьбу проиграли, став в конце концов жертвами тотального геноцида (начало: Постановление Государственного Комитета Обороны Nr. 2383 сс «*О дополнительной мобилизации немцев для народного хозяйства СССР*» от 7 октября 1942 года).

3.0.14.3. Но во всём обвинить только лишь «проклятое советское прошлое» было бы тоже неправильно. Изгнание «*немецкой составляющей*» Империи происходило постепенно, в том числе и через литературные образы. Читателя изощрённо подталкивали к мысли, что даже самые положительные качества, если они присущи немцам (в особенности российским), должны восприниматься как отрицателные. Как у Л. Н. Толстого в рассказе «*Севастополь в августе 1855 года*»: «*Штабс-капитан Краут был белокурый красивый бойкий офицер с большими рыжими усами и бакенбардами; он говорил по-русски отлично, но слишком правильно и красиво для русского. В службе и в жизни он был так же, как в языке: он служил прекрасно, был отличный товарищ, самый верный человек по денежным отношениям; но просто как человек, именно оттого, что все это было слишком хорошо, — чего-то в нем недоставало. Как все русские немцы, по странной противоположности с идеальными немецкими немцами, он был практичен в высшей степени.*»

3.0.14.3.1. И действительно, российские немцы (в особенности «*рукастые*») на голову выше «*идеальных немецких немцев*» в смысле практичности! Сколько домов уже понастроили, и дети в гимназиях учатся!

3.0.14.3.2. Но Толстой тогда об этом не ведал и написал это, преследуя совсем иные цели, которые продолжал развивать дальше в романе «Война и мир», не постеснявшись очернить (и как, вероятно, полагал, на века) ливонского немца – выдающегося российского полководца, военного министра, генерал-фельдмаршала (с 1814), героя Отечественной войны 1812 года, полного кавалера ордена Святого Георгия князя Михаила Богдановича Барклая де Толли (*Michael Andreas Barclay de Tolly; 1761–1818*):
«*Он не годится теперь именно потому, что он все обдумывает очень основательно и аккуратно, как и следует всякому немцу. Как бы тебе сказать. Ну, у отца твоего немец-лакей, и он прекрасный лакей и удовлетворит всем его нуждам лучше тебя, и пускай он служит; но ежели отец при смерти болен, ты прогонишь лакея и своими непривычными, неловкими руками станешь ходить за отцом и лучше успокоишь его, чем искусный, но чужой человек. Так и сделали с Барклаем. Пока Россия была здорова, ей мог служить чужой, и был прекрасный министр, но как только она в опасности, нужен свой, родной человек. А у вас в клубе выдумали, что он изменник! Тем, что его оклеветали изменником, сделают только то, что потом, устыдившись своего ложного нарекания, из изменников сделают вдруг героем или гением, что еще будет несправедливее. Он честный и очень аккуратный немец...*»
Подло! Тем более, что и род Толстых «из немцев» и жена его – наполовину немка... Барклай де Толли был и героем на поле сражений (в Бородинской битве под ним было убито или ранено пять лошадей) и гением, предвосхитившим единственно возможный ход ведения военных действий против наполеоновской коалиции. М. И. Кутузов, в котором, пожалуй, было не меньше немецкости[61], чем у Барклая де Толли, реализовал его стратегию, приведшую к окончательной победе над врагом.
3.0.14.4. Но обвинить всех российских немцев в национальном предательстве было в середине XIX века сложно, пока им вменялись в «*вину*» положительные черты национального характера: «*отличный товарищ*», «*самый верный человек по денежным отношениям*», «*все обдумывает очень основательно и аккуратно*», «*честный*». Однако, слово «*измена*», хотя это вроде бы и отрицается, уже прозвучало. И до лакеев низведены российские немцы...

3.0.15. «Советские немцы»

3.0.15.1. В 1918 году большевистский комиссар Эрнст Рейтер (*1889–1953*), 30 лет спу-стя (*в 1947*) ставший правящим бургомистром Берлина, по заданию В. И. Ленина и И. В. Сталина организовал из потомков переселенцев Трудовую коммуну, территориальные границы которой были весьма условны. «*Большевистские «портные», точнее сказать, «мясники», торопились и не смогли поэтому учесть всех многочисленных деталей и особенностей местной этнографии*»[62]. 24 июля 1922 года к Трудовой коммуне – автономной области – была директивно присоединена казацкая станица Покровск (*в 1931 переименован в город Энгельс*), являвшаяся железнодорожной станцией. Покровск-Энгельс стал одним из административных центров, наспех перекроенный большевиками по «национально-территориальному признаку» Российской империи. 19 декабря 1923 года АО немцев Поволжья преобразована в Автономную ССР Немцев Поволжья. Потом был ещё ряд территориальных пертурбаций – «округлений» в пользу административного новодела, пока, наконец, по Конституции (Основному Закону) Союза ССР, принятой 5 декабря 1936 года, АССР Немцев Поволжья была исключена из состава Саратовского края и стала самостоятельной.

3.0.15.2. После нападения гитлеровской Германии на Советский Союз 4 июля 1941 года была издана директива НКВД и НКГБ СССР «*О мероприятиях по выселению социально опасных элементов с территорий, объявленных на военном положении*». Эта директива подразумевала и депортацию немцев из Крыма. Когда в Крыму началось формирование 51-й армии, директивой Ставки Верховного главнокомандующего от 14 августа 1941 года ей давалось предписание «*очистить немедленно территорию полуострова от местных жителей немцев и других антисоветских элементов*». Операция по выселению немцев из Крыма началась 18 августа 1941 года, были депортированы 61.184 человека.

3.0.15.3. После известного Указа Президиума Верховного Совета СССР от 28 августа 1941 года поволжские немцы были обвинены в сотрудничестве с Германией и выселены в Казахскую ССР, Алтай и Сибирь. Об этом акте советской власти написано достаточно. Де-юре АССР Немцев Поволжья продолжала и продолжает существовать, поскольку её конституцию никто не изменял. «*Изменение Конституции АССР Немцев Поволжья производится лишь по решению Верховного Совета АССР Немцев Поволжья, принятому большинством не мене двух третей голосов Верховного Совета АССР Немцев Поволжья, с утверждения Верховного Совета РСФСР.*» (*статья 113 Конституции Автономной Советской Социалистической Республики Немцев Поволжья*). Акта об изменении (отмене) конституции АССР НП в соответствии с законной процедурой нет, а значит и республика продолжает существовать! 7 сентября 1941 года был совершён очередной произвол: территория АССР Немцев Поволжья Указом Президиума Верховного Совета СССР была разделена между Саратовской (*15 кантонов*) и Сталинградской (*7 кантонов*) областями. Статья 15 конституции АССР НП гласит: «*Территория АССР Немцев Поволжья не может быть изменяема без согласия АССР Немцев Поволжья.*» В соответствии с советским законодательством, АССР НП продолжает существовать, а 7 сентября 1941 года была «*всего лишь*» «*изменена её территория*», т. е. сведена к нулю. А это уже и по советским меркам было противозаконно!

3.0.15.4. Каким бы диким это ни казалось, огульные обвинения народов не являются нарушением с точки зрения действующего международного права. Депортации вроде бы тоже допустимы как мера предупреждения угрозы национальной безопасности во время или «*по решению международного сообщества*» после войны. Отмечаемый 28 августа каждого года день памяти – знаковая траурная дата в истории российских немцев, связанная с депортацией части их (*приблизительно 10%*) из Волжской республики.

3.0.15.4.1. Окских же немцев[63], кого не успели эвакуировать, перестреляли. Но даже это зверство тоже «*можно списать*» на местное самоуправство или условия военного времени...

3.1. Геноцид

3.1.1. 7 октября 1942 года глава советского государства И. В. Сталин подписал совершенно секретное Постановление Государственного Комитета Обороны № ГОКО-2383сс «*О дополнительной мобилизации немцев для народного хозяйства СССР*». Нет в этом постановлении ни одного пункта, который бы противоречил (не соответствовал) Конвенции о предупреждении преступления геноцида и наказании за него, принятой резолюцией 260 (III) Генеральной Ассамблеи Организации Объединённых Наций от 9 декабря 1948 года в Париже. В статье I Конвенции «*договаривающиеся стороны*» подтвердили, «*что геноцид, независимо от того, совершается ли он в мирное или военное время, является преступлением, которое нарушает нормы международного права...*».
«Советские немцы» были «по национальному признаку» заключены в концентрационные лагеря, лицемерно называвшиеся «трудовой армией» или «колоннами».

Рисунок Йоханны Йенн (Johanna Jenn), узницы ГУЛАГа в 1941–1956 гг.;
текст под рисунком: «*город Бугуруслан Чкаловской (сейчас – Оренбургской) области, первый (Йоханны Йенн) концентрационный лагерь*»

3.1.2. Постановление ГКО № ГОКО-2383сс в сравнении с положениями Конвенции и с комментариями:

3.1.2.1. Текст Постановления

«*В дополнение к постановлениям ГОКО № 1123сс от 10 января 1942 года и № 1281сс от 14 февраля 1942 года Государственный Комитет Обороны ПОСТАНОВЛЯЕТ:*

1. Дополнительно мобилизовать в рабочие колонны на все время войны всех немцев мужчин в возрасте 15-16 лет и 51-55 лет включительно, годных к физическому труду, как переселенцев из центральных областей СССР и республики Немцев Поволжья в пределы Казахской ССР и восточных областей РСФСР, так и проживающих в других областях, краях и республиках Советского Союза.

2. Одновременно провести мобилизацию в рабочие колонны на все время войны также женщин-немок в возрасте от 16 до 45 лет включительно.

Освободить от мобилизации женщин-немок беременных и имеющих детей в возрасте до 3-х лет.

7. Мобилизованных в порядке настоящего постановления немцев мужчин направить для работы на предприятия трестов «Челябуголь» и «Карагандауголь» Наркомугля. Мобилизованных женщин-немок направить на предприятия Наркомнефти по разверстке Наркомата.»

Текст Конвенции

«*под геноцидом понимаются следующие действия, совершаемые с намерением уничтожить, полностью или частично, какую-либо национальную, этническую, расовую или религиозную группу как таковую:*

«d) меры, рассчитанные на предотвращение деторождения в среде такой группы;»

Комментарий

На многие годы в Советском Союзе были разделены немецкие мужчины и женщины репродуктивного возраста: мужчины работали по 10–12 часов без выходных в шахтах (*«Наркомугль»*), женщины – в карьерах, на лесоповалах, кирпичных заводах (*«Наркомнефть по разверстке Наркомата»*).

Рисунок Йоханны Йенн (Johanna Jenn), узницы ГУЛАГа в 1941–1956 гг.
текст под рисунком: «*Осень 1942. Мужчины уже все были в трудовых лагерях, теперь пришла очередь женщин. Всех, у кого дети были старше трёх лет, отправляли в трудовую армию. Силой отрывали матерей* (от детей)»

Рисунок Йоханны Йенн (Johanna Jenn), узницы ГУЛАГа в 1941–1956 гг.
текст под рисунком: «*1943 – 1944 работа в лесу, валить деревья – тяжёлая работа*»

Рисунок Йоханны Йенн (Johanna Jenn), узницы ГУЛАГа в 1941–1956 гг.
текст под рисунком: «*Сталинские лагеря смерти, где миллионы погибли; тяжёлая работа, голод, страх. И мы – немцы – были особенно наказаны*».

После войны, согласно Указу Президиума Верховного Совета СССР № 133/12 д. № 111/45 от 26 ноября 1948 года «*Об уголовной ответственности за побеги из мест обязательного и постоянного поселения лиц, выселенных в отдаленные районы Советского Союза в период Отечественной войны*», разделительные репрессивные меры по отношению к российским немцам были ещё более ужесточены:

«*За самовольный выезд (побег) из мест обязательного поселения этих выселенцев виновные подлежат привлечению к уголовной ответственности. Определить меру наказания за это преступление в 20 лет каторжных работ.*

Дела в отношении побегов выселенцев рассматриваются в Особом совещании при Министерстве внутренних дел СССР.

Лиц, виновных в укрывательстве выселенцев, бежавших из мест обязательного поселения или способствовавших их побегу, лиц, виновных в выдаче разрешения выселенцам на возврат их в места их прежнего жительства, и лиц, оказывающих им помощь в устройстве их в местах прежнего жительства, привлекать к уголовной ответственности. Определить меру наказания за эти преступления — лишение свободы на срок в 5 лет.»

До 1956 года немцы вынуждены были регулярно отмечаться в комендатурах или заявлять о своём «наличии» в других «*компетентных органах*», как например, у уполномоченных Комитета государственной безопасности.

В Тульской области немецкие мужчины работали на шахтах в Киреевском, Узловском, Новомосковском, Щёкинском районах, немецкие женщины – в каменоломнях, на кирпичных заводах. Молодые люди искали возможность встретиться, их ловили, в особенности у переправ, мостов через р.Упу. Сопротивлявшихся добивали на месте.

3.1.2.2. Текст Постановления

«*4. Проведение мобилизации немцев возложить на НКО и НКВД с привлечением местных органов Советской власти.*

К мобилизации немцев приступить немедленно и закончить в месячный срок.

5. Обязать всех мобилизованных немцев явиться на сборные пункты в исправной зимней одежде, с запасом белья, постельными принадлежностями, кружкой, ложкой и 10-дневным запасом продовольствия.»

Текст Конвенции

«под геноцидом понимаются следующие действия...:

c) предумышленное создание для какой-либо группы таких жизненных условий, которые рассчитаны на полное или частичное физическое уничтожение ее;»

Комментарий

За «мобилизацию» отвечали Народный комиссариат обороны (НКО) СССР и Народный комиссариат внутренних дел СССР (НКВД) – центральный орган государственного управления СССР по борьбе с преступностью и поддержанию общественного порядка, обеспечению государственной безопасности. То есть, «советские немцы» были поголовно приравнены к особо опасным государственным преступникам, с той лишь разницей, что советское государство не гарантировало им ни еду (*«явиться ... с кружкой, ложкой и 10-дневным запасом продовольствия.»*), ни одежду, ни даже сносное человеческое существование (*«явиться на сборные пункты в исправной зимней одежде, с запасом белья, постельными принадлежностями»*). Суточные рационы в «трудовых лагерях» выделялись по нормам для заключённых тюрем. И это при изнурительном труде на шахтах, лесоповалах, в карьерах!

Из воспоминаний академика Бориса Викторовича Раушенбаха (1915–2001), одного из основоположников советской космонавтики, которого в марте 1942 вызвали повесткой в военкомат, но направили не в армию, а, как и других российских немцев, сослали в "*трудовую армию*" в Нижнем Тагиле.:

«...Формально у меня статьи не было, статья – немец, без обвинений, а это означало бессрочный приговор. Но ГУЛАГ есть ГУЛАГ – решетки, собаки, все, как положено. Формально я считался мобилизованным в трудармию, а фактически трудармия была хуже лагерей, нас кормили скудней, чем заключенных, а сидели мы в таких же зонах, за той же колючей проволокой, с тем же конвоем и всем прочим. Мой отряд – около тысячи человек – за первый год потерял половину своего состава, в иной день умирало по десять человек. В самом начале попавшие в отряд жили под навесом без стен, а морозы на Северном Урале 30-40 градусов! Трудились на кирпичном заводе. Мне повезло, что я не попал на лесоповал или на угольную шахту, но, тем не менее, половина наших на кирпичном заводе умерла от голода и от непосильной работы. Я уцелел случайно, как случайно всё на белом свете. Люди погибали от комбинации – голод и непосильная работа. Если бы не было такой тяжелой работы – на кирпичном заводе, в забое или на лесоповале – они, может быть, и выжили. Но при той работе, которая у нас была, они выжить не могли.»[XVII]

1 января 1946 г. Раушенбаха выпустили из мест заключения, определив под надзор НКВД. В конце 1980-х он стал одним из лидеров российских немцев за их национальное возрождение.

3.1.2.3. Текст Постановления

«6. Установить уголовную ответственность немцев как за неявку по мобилизации на призывные или сборные пункты, так и за самовольное оставление работы или дезертирство из рабочих колонн...»

Текст Конвенции

«под геноцидом понимаются следующие действия...:

a) *убийство членов такой группы;*

b) причинение серьезных телесных повреждений или умственного расстройства членам такой группы;»

Комментарий

Рисунок Йоханны Йенн (Johanna Jenn), узницы ГУЛАГа в 1941–1956 гг.
текст под рисунком: «*Жизнь была жестокой. Отто Пфайфер бежал к своей семье – жене и 3 маленьким детям. (Потом) он вернулся. (Его) расстреляли.*»

Рисунок Йоханны Йенн (Johanna Jenn), узницы ГУЛАГа в 1941–1956 гг.
текст под рисунком: «*Февраль 1943 года. Первый раз в карцере (ещё 2 раза была в карцере по 5 дней). Всё равно должны были работать, получали 400 гр. хлеба. Никакой еды.*»

3.1.2.4. Текст Постановления

«*3. Имеющиеся дети старше трёхлетнего возраста передаются на воспитание остальным членам данной семьи. При отсутствии других членов семьи, кроме мобилизуемых, дети передаются на воспитание ближайшим родственникам или немецким колхозам.*
Обязать местные Советы депутатов трудящихся принять меры к устройству остающихся без родителей детей мобилизуемых немцев.»

Текст Конвенции

«*под геноцидом понимаются следующие действия...:*
е) насильственная передача детей из одной человеческой группы в другую.»

Комментарий

Это самый лицемерный пункт Постановления. Осенью 1942 года «немецких колхозов» не существовало. Все национальные образования российских немцев были окончательно ликвидированы к осени 1941 года. Детские дома были переполнены, мест для немецких детей уже не было, и принимать их не рекомендовалось: «*Да кто же их посылает-то к нам? Ведь не разрешено их принимать.*» (Гуго Вормсбехер: «Наш двор»). Дети оказались предоставлены сами себе, многие не выжили.

Рисунок Йоханны Йенн (Johanna Jenn), узницы ГУЛАГа в 1941–1956 гг.
под рисунком приведена первая строфа стихотворения Райнольда Франка
«*Ребёнок-попрошайка в Сибири, 1942 год*».

Es trippelt und stolpert bei Schnee und Wind auf sibirischen Wegen ein deutsches Kind. Die Eltern, die nahm man ihm weg mit Gewalt, und Oma liegt krank, und der Ofen ist kalt.	Сквозь пургу и ненастье сибирских дорог немецкий малыш, спотыкаясь, бредёт. Родители угнаны, *Ома** больна.
Drei Tage kein Brot mehr im ganzen Haus – da trieb es der Hunger zum Betteln hinaus. Fremd ist ihm die Sprache im weltfremden Ort, es kennt nur ein einziges russisches Wort:	Без хлеба три дня, и печь холодна, Хоть что-нибудь выпросить голод погнал, но здешнюю речь малыш не понимал, одно лишь русское слово он знал:
Statt „Brot“ sagt’s jetzt „Chleb“, und sein Händchen streckt’s vor, steht frierend vergebens vor manch fremdem Tor. Man stößt es und jagt es mit Drohungen fort: „Verschwinde, Verfluchter, zieh weg aus dem Ort!“	«*Хлеб*» вместо «*Brot*» он тихо сказал и ручку замёрзшую робко подал. С угрозами гонят его от ворот: «*Иди вон, проклятый, проваливай прочь!*»
Ihm schwindelt vor Hunger, die Kraft geht ihm aus, der Abendwind schiebt es zum Dorfe hinaus. Die Nacht ist so dunkel und frostig der Wind, sibirische Straßen gefahrenreich sind.	От голода дурно, идти мочи нет, ветер морозный гудит ему вслед. Ночь так темна, и воздух как лёд, дороги Сибири страшны и опасны.
Der Sturm rast vorüber. Die Wolken zieh’n ab. Am Wegrand erstarrt liegt ein Kind ohne Grab, sein flehendes Händchen zum Himmel gereckt, von schneeweißem Leichentuch gnädig bedeckt.	К утру стих ураган, растворился туман, на льду у дороги лежит мальчуган. Ручки моляще он к небу простёр, и саван из снега над ним словно холм.
	**Ома (нем.) – бабушка*

На долгие десятилетия «советские немцы» стали изгоями в советском обществе, их не допускали до обучения престижным профессиям, образовательный уровень был самым низким в СССР. В лётные училища немецким ребятам, как например правозащитнику Эдуарду Дайберту (*Eduard Deibert*), путь был заказан.

[XVIII]

В 1946 году советский историк техники, писатель, книговед, педагог, академик, действительный член АН УССР, дважды лауреат Сталинской премии Виктор Васильевич Данилевский (*1898–1960*)[64] в брошюре «*Великий русский народ*» написал: «*Большой помехой издавна был немец. Ещё в XVIII веке пробрались немцы в нашу страну, чтобы шпионить и всячески вредить нам.*»[XIX] Это сочинение как бы развивает мысли, изложенные в известной статье Ильи Эренбурга «*Убей немца!*», но уже применительно к мирному времени. Её главный посыл – «*Ещё в XVIII веке пробрались немцы в нашу страну...*» И по сегодняшний день на разных уровнях, в первую очередь, общественными российско-немецкими организациями, навязывается антиисторический тезис о начале истории российских немцев в XVIII веке – «*царица Екатерина пригласила*». Тратятся огромные средства на проведение помпезных мероприятий, а российские немцы презрительно выставляются как народ «*туда-сюда*» (*Hin und zurück*), главный печатный орган «*Землячества немцев из России*» (*Landsmannschaft der Deutschen aus Russland*) уже одним своим названием "*Volk auf dem Weg*" (*Народ в пути*) как бы подтверждает мысль о российских немцах как о народе «перекати-поле». А коли так, то вроде бы и не было издевательств над коренным, вероносным, государственно-образующим народом Руси – российскими немцами... Но не стало их – и рухнула Империя...
Часто спрашивают: «*Ну, а как же российские немцы выжили, если был геноцид?*» Против государственного зверства восстала человеческая природа, человечность. Есть множество примеров, когда люди вне зависимости от национальностей, чинов и званий спасали их. Российские немцы выжили благодаря солидарной человечности и прежде всего – благодаря бескорыстной помощи русского народа. Об этом надо всегда помнить.

Пояснения

1. см: Вальтер Фризен: Империя Знаний; Dortmund-Bodelschwingh: AFZ ETHNOS 2014; ISBN 978-5-4431-0047-0; стр. 165–179.

2. Там же; стр. 124–130

3. Кнуд II Великий/ Кнуд Могучий (*др.-сканд. Knūtr inn rīki, др.-англ. Cnūt se Micela, дат. Knud den Store, англ. Canute the Great, норв. Knud den mektige; 994–1035*) был королём Англии (*1016–1035*), Дании (*1018–1035*) и Норвегии (*1028–1035*).

4. См.: «Вместо предисловия», пояснение 2.

5. Генрих II Святой (*Heinrich II der Heilige; 973–1024*) – император Священной Римской империи.

6. Ярослав Владимирович (*«Мудрый»; 978–1054*) – князь ростовский (*987–1010*), князь новгородский (*1010–1034*), великий князь киевский (*1016–1018, 1019–1054*).

7. Висбю (*швед. Visby*) – сейчас главный город шведского острова Готланд, административный центр лена Готланд.

8. Среди историков бытует мнение, что Санкт-Петербург – «город Святого Петра» – был назван в память о новгородском подворье Святого апостола Петра, чтобы подчеркнуть преемственность традиций России с ганзейскими.

9. Священная Римская Империя (*лат. Sacrum Romanum Imperium*), с XV века: Священная Римская Империя Немецкого Народа (*лат. Sacrum Imperium Romanum Nationis Germanicae или Sacrum Imperium Romanum Nationis Teutonicae, нем. Heiliges Römisches Reich Deutscher Nation*) – государственное образование, существовавшее с 962 по 1806 годы и объединявшее многие территории Европы. По тексту употребляется и название «Немецкая империя».

10. Имеется ввиду коренное население острова Готланд. Контроль шведских правителей над островом был довольно слабым. Готландцы вели активную международную торговлю, о чём свидетельствуют обнаруженные на острове клады арабских монет.

11. Церковь святого Олафа – христианский храм в Новгороде, построенный готландскими купцами в XII веке, существовала до XIV века. Олаф Святой (*995–1030*) был королём Норвегии с 1015 по 1028 год, активно боролся с язычеством, он один из самых почитаемых в Скандинавии общехристианских святых.

12. В XII веке латинский был официальным языком межгосударственного общения Западной Европы.

13. Мстислав (*в крещении Фёдор*) Давыдович (*1193–1230*) – князь Смоленский (*1219–1230*).

14. После четвёртого крестового похода (*1202–1204*) и временной ликвидации Византийской империи католические французские рыцари, опиравшиеся на венецианский флот, образовали Латинскую империю со столицей в Константинополе (*фр. Empire latin de Constantinople;1204–1261*). Сложился своего рода «Евросоюз первой половины XIII века» под эгидой Франции. В сферу его влияния попали и немецкоязычные государства Священной Римской империи (немецкого народа). Поскольку письменным языком межгосударственного общения в Западной Европе в то время являлся латинский, её жители, учитывая и влияние Латинской империи, в официальных документах нередко именовались латинянами.

15. 17 января 1229 года умер первый рижский епископ Альберт Буксгевден (*Albert von Buxthoeven; 1165–1229*), вторым епископом Риги был избран Николаус фон Науэн (*Nikolaus von Nauen; ? –1253*).

16. Фольквин фон Наумбург цу Винтерштеттен (*Volkwin von Naumburg zu Winterstätten; ?–1236*) – второй магистр Ордена меченосцев.

17. Кап – мера для взвешивания зерна. В Смоленске и Новгороде в первой половине XIII века равнялся рижскому фунту. В 1761 году 1 кап равнялся 414,711 граммам.

18. Великое княжество Смоленское существовало с XII по XIV вв. в верховьях рек Днепр, Волга и Западная Двина. Столица – город Смоленск. «*Путь из варяг в греки*» проходил через княжество и был важным источником его дохода. В 1404 году литовский князь Витовт занял Смоленск и присоединил его к Литве. В 1514 году Смоленск перешёл под контроль Великого княжества Московского.

19. Пятый собор Католической церкви проходил с 1 мая 1512 года по 16 марта 1517 года в Латеранском дворце (*Palazzo del Laterano*) в Риме, служившим с IV до начала XIV века резиденцией римских пап.

20. Максимилиан I (*Maximilian I; 1459–1519*) – король Германии (римский король) с 16 февраля 1486, император Немецкой (Священной Римской) империи с 4 февраля 1508.

21. Сигизмунд фон Герберштейн (*Siegmund Freiherr von Herberstein; 1486–1566*) – дипломат, уроженец современной Словении, писатель и историк. Наибольшую известность приобрёл за свои труды по географии, истории и внутреннему устройству Русского государства.

22. 95 тезисов – документ, написанный богословом Мартином Лютером (*1483–1546*) на латинском языке. Его именем названо одно из направлений протестантизма. Лютер выступал против эксклюзивных прав римского папы прощать грехи. Опубликование 95 тезисов вызвало религиозный раскол Европы на сторонников Лютера (протестантов) и папы римского (католиков). Это спровоцировало раскол в Христианстве, вспыхнула волна кровавых братоубийственных войн в Западной Европе.

23. Королевская Пруссия (*нем. Königliches Preußen; лат. Prussia Regalis; польск. Prusy Królewskie/Prusy Polskie*) – провинция Польского королевства с 1466 (*с 1569 года – Речи Посполитой*) по 1772 год. Королевская Пруссия включала Гданьское Поморье (*Pommerelen*), Кульмскую землю (*Kulmerland*), Помезанию (*Pomesanien*), города Мариенбург (*Marienburg*), Гданьск (*Danzig*), Торн (*Thorn*), Эльбинг (*Elbing*).

Королевскую Пруссию необходимо отличать от Герцогства Пруссия (*Herzogtum Preußen*): королевская Пруссия была частью Польши, а герцогство Пруссия находилось в вассальной зависимости от Польши как польский лен, а с 1657 года стало независимым, находясь в личной унии с маркграфством Бранденбург (*Markgrafschaft Brandenburg*).

24. По Торуньскому миру 1466 года Вармия вместе с территорией Западной Пруссии вошла в состав Польского королевства как часть провинции Королевская Пруссия (*см. пояснение 23*), но на правах автономного княжества-епископства. Избрание князя-епископа утверждалось польским королём.

25. Лев X (*лат. Leo PP. X, в миру – Джованни Медичи, итал. Giovanni Medici; 1475– 1521*) был папой римским с 11 марта 1513 года по 1 декабря 1521 года. 15 июня 1520 года он огласил буллу «*Exsurge Domine!*» («*Восстань, Господи!*»), торжественно осуждающую Лютера, в том числе, и за призыв не противиться турецкой агрессии: «*XXXIV. Воевать против турок значит противиться Богу, Который их посредством наказывает наши неправды. (XXXIV. Praeliari adversus Turcas est repugnare Deo visitanti iniquitates nostras per illos.)*»[XX]. 1 декабря 1521 года в возрасте 45 лет Лев X неожиданно умер, даже не успев соборoваться.

26. Римский король (*лат. Rex Romanorum, нем. Römischer König*) – титул избранного, но ещё не коронованного папой римским главы Немецкой (Священной Римской) империи.

27. Имперский матрикул (*Reichsmatrikel*) – периодически утверждаемый рейхстагом перечень сословий Немецкой империи с распределением обязанностей по выставлению воинских контингентов в имперскую армию и уплате общеимперских налогов.

28. С 1516 по 1700 год Испанией с её колониями правила династия Габсбургов.

29. Иван Васильевич Хабар Симский (*ок.1465-1470–1534*) был воеводой на службе у Великих князей Московских Ивана III и Василия III.

30. Альбрехт Бранденбург-Ансбахский (*Albrecht von Brandenburg-Ansbach; 1490–1568*) – последний верховный управляющий (великий магистр) Немецкого ордена и первый герцог Пруссии. Альбрехт Бранденбургский вошёл в историю как один из самых великих немецких деятелей эпохи Возрождения. При его правлении были заложены основы экономического, политического и культурного развития Пруссии.

31. Речь Посполитая (Rzeczpospolita) – федерация Королевства Польского и Великого княжества Литовского, возникшая в результате Люблинской унии в 1569 году и ликвидированная в 1795 году с разделом государства между Россией, Пруссией и Австрией. Располагалась преимущественно на территориях современных Польши, Украины, Беларуси и Литвы, а также на части территорий России, Латвии, Эстонии, Молдавии и Словакии.

32. Сефарды (от топонима *Сфарад*, отождествляемого с Испанией) – группа евреев, сформировавшаяся на Пиренейском полуострове из потомков иудеев Римской империи, а затем Арабского халифата. Известные сефарды:

- британский финансист сэр Моше Хаим Монтефиоре (*англ. Sir Moses Haim Montefiore; 1784–1885*);

- Бенджамин Дизраэли (*англ. Benjamin Disraeli, 1st Earl of Beaconsfield; 1804–1881*) – премьер-министр Великобритании в 1868, и с 1874 по 1880 гг.;

- Пьер Мендес-Франс (*фр. Pierre Mendès France; 1907–1982*) – председатель Совета Министров и министр иностранных дел Франции;

- Давид Сассун (*David Sassoon; 1792–1864*) – предприниматель, меценат и наркоторговец, в защиту интересов которого Великобританией были развязаны две Опиумные войны в Китае (*1839–1842 и 1856–1860*).

33. В работах по истории России хана называют Девлет I Герай, также встречаются варианты: Девлет I Гирей, Давлет Гирей I, Девлет Гирай I.

34. В VIII веке саксонские племена населяли обширную территорию между Рейном в его нижнем течении и Эльбой. С 772 по 804 год король (*с 800 – император*) Карл I Великий (*Karl der Große 742–814*) вёл с саксами войну на истребление, принуждая их к принятию христианства.

35. Один из представителей этой линии, принц Пётр Гольштейн-Бекский (*Peter August von Schleswig-Holstein-Sonderburg-Beck;1698–1775*) стал российским генерал-фельдмаршалом. Мать последнего российского императора Николая II – императрица Мария Фёдоровна – была того же рода.

36. Колывань – название современного города Таллина (*Tallinn*) в древнерусских письменных источниках с 1223 года, официальных документах Русского царства и Российской империи до начала XVIII века. До 24 февраля 1918 года город назывался Реваль/Ревель (*Reval/Rewel*).

37. Ногайская Орда – государство, образовавшееся в результате распада Золотой Орды, существовало с 1440 по 1634 год. В XVI веке миграция ногайцев на западный берег Волги привела к выделению из Ногайской Орды Малых Ногаев, до середины XVIII века находившихся в зависимости от Крыма и Турции.

38. Янычары (*yeniçeri «новый воин»*) – регулярная пехота Османской империи в 1365–1826 годах. Янычарская пехота была создана султаном Мурадом I в 1365 году. Комплектовалась она из юношей-христиан 8–16 лет от роду. Основную часть янычар составляли этнические албанцы, армяне, боснийцы, болгары, греки, грузины, сербы, воспитывавшиеся в строгих традициях ислама.

39. Секеи (*венгерск. Székely*) – венгерское национальное меньшинство на территории современной республики Румыния. Со времён средневековья секеи известны как отважные воины, игравшие важную роль в венгерской армии.

42. Анна Ягеллонка (*Anna Jagiellonka; 1523–1596*) – королева польская и великая княгиня литовская с 1575 года.

43. В 1551 году была основана торговая Московская компания (*англ. Muscovy Company*), которая до 1698 года обладала монополией на торговлю с Россией и действовала до революции 1917 года.

44. Баторий был назван по имени деда Иштвана (*István*), с «говорящей» фамилией Телегди (*Telegdi*), в которой угадывается трёхбуквенный семитский корень «ТЛК(Г)» со значением «свободный», суффикс «-ди» сродни распространённому на Востоке уважительному суффиксу «-чи/-джи»! (*напр. в турецком балтачи (-джи) «стражник при дворе султана», хиндустани бабаджи «господин»*), что соответствует немецкому дворянскому титулу *Freiherr* «свободный господин».

45. Царица Ирина Фёдоровна, урождённая Годунова (*1557–1603*), – сестра Бориса Годунова и супруга царя Фёдора I Иоанновича, номинальная правительница на русском престоле после смерти Фёдора I Иоанновича и до избрания царём Бориса Годунова с 16 января по 21 февраля 1598 года.

46. Партии цирка, факции (*лат. partes, factiones, греч. demoi, moirai*) – первоначально объединения болельщиков, жителей Римской империи, а затем Византии вокруг команд, участвующих в различных спортивных состязаниях, боях гладиаторов и гонках колесниц. Они стали одной из основных социальных сил Константинополя и других городов Византии. Основными были две партии – «белых» и «красных», затем появились ещё две – «зелёных» и «голубых». Партийные цвета символизировали четыре стихии: воду, огонь, землю и воздух.[XXI] Ди(е)мократ (*др.-греч. δημοκράτης*) стоял во главе партии, представляя её военную часть.

47. В 1495 году была принята «Имперская реформа» (*Reichsreform*). К 1512 году Германия была разделена на десять имперских округов (*Reichskreise*). Органом управления округа стало окружное собрание (*Kreistag*), в котором имели право участвовать все государственные субъекты (*Herrschaften*) на территории округа: светские и духовные княжества, имперские рыцарства (*Reichsritterschaften*) и вольные города (*kreisfreie Städte*). Каждый государственный субъект имел один голос.

48. Ксения Борисовна Годунова (*1582–1622*) – русская царевна, несостоявшаяся невеста ряда западноевропейских женихов, насильно пострижена в монашество по указанию Лжедмитрия I (*1582–1606*).

49. В современной Литве татары компактно проживают в Вильнюсском и Алитусском районах.

50. Подполковник Шарль Самуил Дэберт, которому 13 июня 1632 года царским указом было присвоено звание полковника.

51. Генерал-лейтенант Томас Томасович Далейль (*англ. Tam Dalyell of the Binns; 1599–1685*) происходил из шотландской дворянской семьи.

52. «*Полки нового строя*» — воинские части, формировавшиеся в России XVII века из «охочих» вольных людей по образцу западноевропейских армий. Во время русско-польской войны 1654–1667 гг. и антитурецких войн полки нового строя стали основной частью вооружённых сил. В ходе петровских реформ начала XVIII века эти полки были использованы при формировании регулярной русской армии.

53. Арсенал рейтаров (*нем. Reiter*) включал несколько тяжёлых крупнокалиберных пистолетов, длина которых могла достигать почти метра. Меч же выступал лишь в качестве запасного оружия. В отличие от кирасиров, которые, дав залп из пистолетов по пехоте и расстроив её ряды, немедленно врубались в неё, то рейтары предпочитали методично расстреливать пехоту, пока она не побежит. В отличие от драгунов, рейтары, как правило, не спешивались, а стреляли прямо с коня. Они были одеты в доспехи, аналогичные кирасирским.

Первый рейтарский полк был сформирован указом царя Михаила Фёдоровича от 10 июня 1632 года. Его командиром стал французский гугенот подполковник Шарль Самуил Дэберт (*см. пояснение 50*).

54. Эскадрон (*от лат. exquadra ,четырёхугольный боевой строй'*) – тактическая и административная единица, подразделение в кавалерии. Первоначально эскадроны делились на различное число рот и состояли из нескольких сотен коней.

55. Драгуны (*фр. dragon ,драгун', буквально «дракон»*) – род войск, способный также действовать и в пешем строю. В России были конные драгуны, т. е. кавалерия, способная действовать в спешенном состоянии, и драгуны пешей службы, которые действовали в спешенном состоянии, используя лошадей лишь для перемещений.

56. Иоганн Гундермарк (*Johan Hundermark*) был представителем незнатного дворянского рода. 13 июня 1650 года он прибыл в Москву вместе с четырьмя другими офицерами и рекомендациями от датского короля с прошением принять их на русскую службу. Они были приняты, получили денежное и земельное жалование. Однако вскоре патриарх Никон стал требовать от иностранцев, чтобы они крестились в православную веру. Церковь не хотела, чтобы православные крестьяне находились в собственности «*еретиков*». Некоторые иностранцы согласились сменить веру. В августе 1652 года Гундермарк (*в русских документах его фамилия писалась по-немецки – Гундертмарк/ Hundertmark*) тоже принял православие. Царь пожаловал ему за это 100 рублей и разные подарки. Подполковнику Гундермарку (*получившему новое православное имя – Христофор*) было присвоено звание полковника. Принятие православия давало иностранцам много преимуществ. Они быстрее других иноземцев делали военную карьеру. Те из иностранцев, которые не приняли православие, в октябре 1652 года были выселены из столицы в обособленное поселение за городом – «*Немецкую слободу*».

В мае 1654 года Московское государство начало войну против Речи Посполитой для возвращения Смоленска и других городов, которые поляки захватили в 1618 году. В начале войны Христофор Гундермарк командовал одним из полков драгун на южной границе. В следующем году он принял участие в походе русской армии в Литву на Вильно. В 1658 году он командовал драгунским полком в Белгороде. В то время его полк входил в состав армии князя Г.Г. Ромодановского и насчитывал 1299 человек. Драгуны отражали набеги крымских татар на южные границы.

Иоганн-Христофор имел сына – Тихона Христофоровича. В 1687 и 1689 годах Тихон Гундермарк принял участие в Крымских походах, а в начале 1696 года он стал полковником одного из московских стрелецких полков. Стрелецкий полк Гундермарка принял участие в походе на турецкую крепость Азов летом 1696 года. После капитуляции турок, полк Гундермарка и три других полка стрельцов были оставлены в гарнизоне Азова. В 1698 году все четыре полка по приказу царя Петра были посланы в Великие Луки. Желая возвращения в Москву, стрельцы подняли восстание против царя. Они изгнали своих командиров, в том числе Гундермарка. Восстание было подавлено, стрелецкие полки распущены. В 1700 году, по царскому указу, Гундермарк сформировал новый пехотный полк (*позднее получивший название «Смоленский»*). В 1701–1703 годах Тихон Гундермарк принял участие в сражениях против шведов в Ингерманландии и Эстляндии.[XXII]

57. Вальтер Фризен: Империя Знаний; Dortmund-Bodelschwingh: AFZ ETHNOS 2014; стр. 98–101.

58. Там же.

59. Ныне находится в районе Бёкендорф (*Bökendorf*) города Бракель (*Brakel*) округа Хёкстер (*Höxter*) федеральной земли Северный Рейн-Вестфалия (*Nordrhein-Westfalen*).

60. Гакстгаузен, Август фон: Исследования внутренних отношений народной жизни и в особенности сельских учреждений России; перевод и издательство Л. И. Рагозина; Москва 1869.

61. Голенищевы-Кутузовы – российский дворянский и графский род, происходящий от «*мужа честна*» Гавриила, по сказаниям древних родословцев, выехавшего «из Прус» (*т. е. Пруссии / Ливонии*) в Новгород в княжение Св. Александра Невского в 1-й половине XIII века. М. И. Кутузов начал свою службу в Ливонии как флигель-адъютант ревельского генерал-губернатора фельдмаршала принца Гольштейн-Бекского (*Peter August von Schleswig-Holstein-Sonderburg-Beck; 1696–1775*). Участвовал в российско-турецких войнах. В 1811 году, когда война с Турцией зашла в тупик, а внешнеполитическая обстановка требовала эффективных действий, Александр I назначил Кутузова главнокомандующим Молдавской армией вместо умершего Каменского. В первых числах апреля 1811 года Кутузов прибыл в Бухарест и принял командование армией, ослабленной отзывом дивизий на защиту западной границы. Он нашёл на всём пространстве завоёванных земель менее, чем тридцатитысячное войско, с которым должен был разбить сто тысяч турок, расположенных в Балканских горах. В Рущукском сражении 22 июня 1811 года (*15-20 тысяч русских против 60 тысяч турок*) он нанёс противнику сокрушительное поражение, положившее начало разгрому турецкой армии. Сосредотачивая к русским границам свои корпуса, Наполеон рассчитывал, что союз с султаном, который он заключил весной 1812 года, скуёт силы русских на юге. Но 4 (16) мая 1812 в Бухаресте Кутузов заключил мир, по которому Бессарабия с частью Молдавии переходила к России (*Бухарестский мирный договор 1812 года*). Это была крупная военная и дипломатическая победа, сместившая в лучшую сторону стратегическую обстановку для России к началу Отечественной войны 1812 года. Дочь Кутузова Елизавета была супругой ливонского немца, штабс-капитана инженерных войск, Фёдора Ивановича Тизенгаузена (*Berend Gregor Ferdinand Graf von Tiesenhausen; 1782–1805*), погибшего в ходе битвы под Аустерлицем. Кутузов был членом немецких масонских лож (*Freimauer der Logen von Berlin und Frankfurt am Main*), что помогало ему одерживать и дипломатические победы при дворах турецкого султана и императора Немецкой империи.

62. Фраш, Виктор: Национально-территориальное деление СССР (*рукопись*).

63. Принятие советским правительством 2 ноября 1917 «Декларации прав народов России» провозглашало право народов на самоопределение вплоть до отделения от России и образования самостоятельного государства. По всей стране началось образование немецких национальных районов и советов в местах компактного проживания немцев. В 1918 на территории Алексинского района Тульской области, через который протекает р. Ока, был образован Патрикеевский немецкий сельсовет (*Deutscher Dorfrat Patrikejewskij*). В конце 1920-х годов были образованы колхозы «Rot Front» и «Rote Fahne», которые объединяли шесть населённых пунктов с преобладающим немецким населением. Политика раскулачивания привела к массовым ссылкам немцев в северные регионы СССР и упадку хозяйств.

В начале 1930-х в связи с изменениями в концепции национальной политики советского руководства и провозглашением «*борьбы с немецким национализмом*» было запрещено преподавание на немецком языке. В 1938 немецкое национальное образование («*подрайон*») на р. Оке в Алексинском районе Тульской области было ликвидировано. Многие немецкие руководящие работники и представители интеллигенции подверглись преследованию на основании беспочвенных обвинений в связи с германским фашизмом. По этому обвинению только в 1938 году в Тульской области был осуждён 171 человек, из которых 46 расстреляли.

64. У автора нет сведений о родственных связях В. В. Данилевского со славянофилом Н. Я. Данилевским.

Источники

I. Koppmann, Georg Friedrich Karl: Die Recesse und andere Akten der Hansetage von 1256 – 1430; Leipzig: Duncker & Humblot 1870 – 1897; I, XXIX ff.
II. Карамзин, Н. М.: История государства Российского, том III, глава VIII; http://www.kulichki.com/inkwell/text/special/ history/karamzin/kar03_08.htm
III. Höhlbaum, Konstantin Johann Matthias: Hansisches Urkundenbuch; Halle: Verlag der Buchhandlung des Waisenhauses 1876; I, № 232.
IV. Там же; № 398.
V. Kappeler, Andreas: Ivan Groznyj im Spiegel der ausländischen Druckschriften seiner Zeit. Ein Beitrag zur Geschichte des westlichen Russlandbildes; Frankfurt/M: Herbert Lang Bern Peter Lang 1972; стр. 216.
VI. Там же, стр. 25.
VII. Там же.
VIII. Stupperich, Martin: Osiander in Preußen. 1549 – 1552; Berlin, New York: Walther de Gruyter 1973; S. 160.
IX. Карнович, Е. П.: Родовые прозвания и титулы в России и слияние иноземцев с русскими; Санкт-Петербург: Издатель «А. С. Суворин» 1886.
X. Карамзин, Н. М.: История государства Российского. Глава VII; http://www.kulichki.com/inkwell/text/special/history/karamzin/kar09_07.htm
XI. Костомаров, Н.И.: Русская история в жизнеописаниях ее главнейших деятелей; Глава 20: Царь Иван Васильевич Грозный; http://www.magister.msk.ru/library/history/kostomar/kostom20.htm
XII. Текст воспроизведен по изданию: Письмо царя Бориса Годунова к императору Рудольфу II. (Ноябрь, 1604 г.) // Сборник материалов по русской истории начала XVII века. СПб. 1896; стр. 65 – 66.
XIII. Смайт, Томас: Путешествие и пребывание в России сэра Томаса Смита в 1604—5 г.; СПб., 1893 (Перевод и примечания Болдакова И. М.); стр. 57.
XIV. Бабулин, И. Б.: Поход белгородского полка на Украину осенью 1658 года»// Единорогъ: Материалы по военной истории Восточной Европы эпохи Средних веков и Раннего Нового времени, М., 2009, вып.1.
Бабулин, И. Б.: Битва под Конотопом. 28 июня 1659 года. — М.: Цейхгауз, 2009.
XV. Водарский, Я.В., Кабузана, В.М.: Территория и население России в XV-XVIII вв.; http://statehistory.ru/img_lib2/2011/12/1324417629_14bd.jpg .
XVI. Н.Я.Данилевский: Россия и Европа; Глава III. Европа ли Россия?
XVII. Раушенбах Б. В.: Пристрастие; Москва: Аграф 1997.
XVIII. http://www.krasnoyeznamya.ru/pic.php?vrub=rm&pid=11&picid=2762
XIX. В. Данилевский: Великий русский народ; Сталинград 1946.
XX. Leo X.: BULLA CONTRA ERRORES MARTINI LUTHERI ET SEQUACIUM; http://www.efg-hohenstaufenstr.de/downloads/texte/exsurge_domine.html
XXI. Успенский Ф. И. История Византийской империи. — СПб.: Брокгауз-Ефрон, 1913.
XXII. http://www.tforum.info/forum/index.php?showtopic=36444

Оглавление

Вместо предисловия 5

1. Халифат 12

2. Другие немцы 28

3. Геноцид 74

Вальтер Фризен

Горизонты Империи

Эпизоды становления российской государственности

Халифат

Другие немцы

Геноцид

Научный редактор: Алекс Дрегер
Редактирование, корректура, вёрстка: Татьяна Фризен

Формат 60 x 84/8 Подписано в печать 04.12.2016
Объём 5,4 а.л. 108 стр.

Отпечатано в типографии *Rediroma-Verlag*